6, rue Régis – 75006 Paris
Tél. 01 42 22 56 84 - Fax : 01 42 22 65 62

Imprimé en France

I.S.B.N. 2-84197-244-5

Marie Delclos

La voyance en seize leçons

Éditions TrajectoirE

INTRODUCTION

Voyant, un mot qui fait rêver. C'est que l'on pense bien souvent que la voyance est une sorte de sixième sens, réservé à des êtres hors du commun, des espèces de mutants en quelque sorte. Il est vrai que la Science-Fiction s'est emparée du sujet, et l'on a vu dans maints romans de ce genre surgir une nouvelle race d'humains doués de «pouvoirs» dits paranormaux.

Mais si l'on veut bien se pencher sur l'histoire, on s'aperçoit que le phénomène de voyance remonte aussi loin que l'homme. D'ailleurs, toutes les civilisations dites «primitives» ont leurs devins. Mieux encore, les hommes de ces civilisations semblent plus performants que les Occidentaux.

En fait, les différentes recherches menées dans le domaine des pouvoirs paranormaux aboutissent à un certain nombre de constatations :

Premièrement

Les êtres les plus doués sont ceux qui sont restés en contact avec la nature et dont le mental n'a pas été entraîné à une super-rationalisation, comme c'est le cas aujourd'hui dans l'éducation occidentale.

DEUXIÈMEMENT

Les sujets qui obtiennent les meilleurs scores lors des expérimentations en laboratoire de parapsychologie se sont préparés en faisant de la méditation, alors que les sujets qui ratent les tests de voyance se sont préparés en faisant des exercices de logique, relevant notamment des mathématiques.

TROISIÈMEMENT

Les gens qui pratiquent le yoga en Inde rencontrent au bout d'un certain temps ce que l'on appelle les «petits pouvoirs». Parmi ces petits pouvoirs se trouve évidemment... la voyance.

QUATRIÈMEMENT

Ces pouvoirs existent à égalité chez tous, mais au niveau inconscient.

CINQUIÈMEMENT

Moins on y croit, moins on voit !

SIXIÈMEMENT

Les dons de voyance apparaissent de préférence dans les familles où l'on s'intéresse à ces phénomènes. Bien des voyants vous raconteront qu'ils ont eu une grand-mère qui avait des dons.

La voyance est donc une faculté naturelle qui se trouve en chaque être à l'état latent, enfouie dans les profondeurs de son subconscient.

Pour la faire surgir, il va donc falloir perdre un certain nombre *de mauvaises habitudes, notamment celles qui nous viennent de notre éducation contraignante et rationaliste.* Il va falloir enlever les blocages physiques et psychologiques qui font obstacle à la voyance, retrouver un état d'esprit plus ouvert et acquérir une attitude mentale positive. Enfin, il sera nécessaire de stimuler le corps et l'esprit par des exercices inspirés en partie du yoga, de réveiller les zones du cerveau grâce auxquelles la voyance passe au niveau conscient. (1)

D'autre part, il faut savoir que la télépathie (qui permet de capter un renseignement dans le présent), la «rétrocognition» (capter un renseignement du passé) ou la «précognition» (capter un renseignement dans le futur) sont les différents aspects d'un même processus, la voyance. Dans ce domaine, en effet, **le temps n'existe pas.** D'ailleurs, si vous y réfléchissez, voyance ou pas, le présent, non plus, n'existe pas. Il se relie sans cesse au passé et au futur. Au moment où j'écris cette ligne, la ligne précédente appartient déjà au passé.

Aussi les leçons que nous vous proposons porteront sur ces différents aspects de la voyance.

Et rappelez-vous : *tout le monde peut être voyant.* Certes, il y a des gens qui semblent plus doués que d'autres, mais, souvent ce n'est là qu'une apparence : cela vient du fait qu'ils se sont passionnés pour le sujet et qu'ils ont plus travaillé ce don universel, ou encore que les circonstances ont été plus propices.

---

(1) *Certains prétendent qu'il est mauvais d'utiliser le yoga à des fins de Perception Extra sensorielle. Mais c'est qu'ils oublient que, à partir du moment où l'ESP (Extra Sensorielle Perception, abréviation utilisée fréquemment) est arrivée par la pratique du yoga, l'esprit s'est déjà ouvert à quelque chose d'autre.*

PREMIÈRE PARTIE

DÉVERROUILLER LE CORPS, ENLEVER LES BLOCAGES

Voici la première série de leçons concernant l'apprentissage de la voyance. Elle est composée de huit leçons et nous vous conseillons de travailler une leçon par semaine et de pratiquer vos exercices régulièrement. Ce qui fait une durée de deux mois.

Cette première partie est consacrée à une **préparation du corps et de l'esprit.** Ce premier mois est consacré à la préparation à l'écoute. À enlever les verrous que notre civilisation occidentale et notre éducation ont mis en place depuis notre enfance.

LEÇON 1

ENLEVER LES TENSIONS EXTÉRIEURES

CETTE première leçon, qui pourra vous paraître simpliste, est pourtant extrêmement importante. Elle porte essentiellement sur le déverrouillage des tensions physiques. **Il ne peut y avoir d'apprentissage de la détente mentale, sans apprentissage préalable de la détente physique.**

1) LES VÊTEMENTS : LE CARCAN QUI EXERCE UNE PRESSION SUR LE CORPS

Rien n'est plus important que de porter des vêtements dans lesquels on se sent à l'aise. Prenez l'habitude dès maintenant de vous habiller de telle façon que toutes les parties de votre corps se sentent bien, avec toujours une marge pour que n'importe quelle partie puisse se dilater : vous devez pouvoir gonfler votre ventre, votre poitrine, courir sans entrave et sans douleur, vous asseoir n'importe où, en tailleur, ou dans n'importe laquelle de vos positions favorites. Supprimez les sous-vêtements serrés, les ceintures, sauf si vous en portez pour raison médicale. Veillez tout particulièrement au confort de vos pieds.

Les pieds correspondent en astrologie au dernier signe du zodiaque, les Poissons. Comme le premier signe est le Bélier, les Poissons touchent le Bélier, de même que les pieds de «l'homme zodiaque» touchent la tête. Cela signifie qu'il y a un rapport étroit entre les pieds et la tête. D'ailleurs, rappelez-vous que «les Poissons» est le **signe de la voyance.**

En hiver, chaussez-vous le plus confortablement possible, éventuellement prenez une pointure au-dessus. En été, portez des espadrilles le plus souvent possible, laissez vos pieds respirer et, chez vous, marchez pieds nus, autant que faire se peut.

Ceci ne signifie pas que, lorsque vous maîtriserez la voyance, vous ne pourrez pas «voir» dans n'importe quelles conditions. Mais nous n'en sommes pas là...

Les vêtements concernent la pression exercée sur le corps. C'est le premier carcan dont vous devez vous débarrasser. Par la suite, vous apprendrez par la force de votre esprit à vous évader de cette pression, tout en ayant des vêtements serrés. Mais vous devez dans un premier temps la supprimer physiquement. Cependant, il sera toujours **inutile et mauvais** d'être dans un carcan ; voyez comme les yogis de l'Inde portent des tissus souples.

2) La nourriture : n'utilisez pas l'énergie de votre cerveau pour la digestion !

Nous étudierons l'utilisation des énergies dans la voyance ultérieurement. Mais, pour le moment, la première chose à faire c'est d'ôter au corps une surcharge.

L'être, pour accéder à la perception extra sensorielle, a besoin d'acquérir une certaine **transparence.** Ce qui ne veut pas dire que lorsque vous maîtriserez la voyance vous ne verrez rien lorsque vous aurez trop mangé.

IMPORTANT - Il ne s'agit pas de se transformer en un de ces squelettiques fakirs qui dorment sur des planches à clous.

Le Sagittaire est le signe du **prophétisme** et de la **spiritualité** (pris dans le sens de force de l'esprit), il est également le signe qui correspond au **foie.** (Il s'agit d'équilibre énergétique.) Votre cerveau a un rôle capital à jouer, il ne doit pas être engourdi parce que votre foie pompe toute l'énergie du corps.

D'autre part, il y a un lien étroit entre le **système nerveux et le foie.** L'axe *Sagittaire/Gémeaux* (deux signes en opposition) est un axe bien connu en homéopathie, *c'est l'axe foie-vésicule biliaire/psychose maniaco-dépressive.*

Sans aller jusque-là, rappelons que le signe des **Gémeaux** représente *le système nerveux* et le **Sagittaire** *le foie ;* que **le dérèglement du foie entraîne le dérèglement du système nerveux** et vice versa. Or, le contrôle du système nerveux est très important dans la pratique de la perception extra sensorielle. Une alimentation légère est donc à conseiller. Pas trop de viande.

Mais il ne faut pas la supprimer, sauf durant des périodes très particulières sur lesquelles nous reviendrons ultérieurement. Mangez de tout modérément. Et à moins que vous ne soyez à un régime sévère depuis pas mal de temps, il est bon que vous marquiez votre entrée dans cette voie nouvelle par un changement de régime.

Supprimez progressivement le café, ou tout au moins prenez un café très léger, si vous ne pouvez vous en passer. Dans certains cas, nous vous conseillerons de prendre du thé, qui de toute façon est plus favorable que le café à la perception extra sensorielle.

Bien entendu, ne vous bourrez pas de chocolat, il donne des forces sur le moment, mais ensuite... ne comptez pas avoir des clichés de voyance...

Vous devez sentir votre tube digestif léger et vide. Vous devez donc veiller à son bon fonctionnement. Ne prenez pas d'alcool. Réservez-le pour les moments précis où au contraire nous vous le conseillerons.

Vous devez devenir un canal où circuleront des informations subtiles. Si votre corps est encombré, ces informations seront couvertes, au moment où vous essaierez de les percevoir, par celles de vos lourdeurs digestives.

Souvenez-vous que, pour purifier leurs corps, les yogis en Inde se font périodiquement des lavages d'estomac et d'intestins ! Mais ne profitez pas de cette information pour essayer d'en faire autant...

3) L'AMBIANCE :

SUPPRIMEZ LES PRESSIONS SENSORIELLES

Notre cerveau est en permanence sollicité par un flot de stimuli reçus par nos cinq sens. Pression permanente des vêtements dont nous ne nous rendons même plus compte, sons, images, odeurs, tout cela forme un écran opaque à la perception extra sensorielle et donc à la voyance.

Le nom le dit bien: la voyance est une perception extra sensorielle, elle se manifeste **par-delà nos sens.** Il faut donc aller au-delà de ce barrage soit en supprimant les stimuli extérieurs par des moyens ordinaires, soit en s'en «déconnectant» par l'esprit. Dans un premier temps, il est plus facile de les enlever physiquement que de les ignorer psychiquement.

Il est donc indispensable de vous créer un îlot **d'isolation sensorielle**, car il est nécessaire que vous appreniez, avant toute autre chose, à vous «déconnecter» de votre univers quotidien quel qu'il soit.

Aborder la voyance, c'est passer d'un univers à un autre, ou si vous le préférez passer d'un plan à un autre.

En un mot il faut vous aménager un coin tranquille dans lequel vous ne risquerez pas d'être dérangé. Il peut être petit mais doit être suffisamment grand pour que vous puissiez vous y étendre. La première étape de votre apprentissage c'est la conception, l'aménagement, la prise de possession de votre lieu d'isolation.

a) Il doit vous isoler des stimuli visuels

Vous devez pouvoir y faire une totale obscurité. Volets ou stores aux fenêtres sont indispensables. D'autre part, ce lieu ne doit pas agresser votre regard lorsque vous y ferez revenir la lumière. Il doit avoir un effet calmant sur votre système nerveux.

Il faut donc qu'il soit relativement dépouillé : murs clairs et unis, un divan, un petit coussin, une chaise, une petite table, un bougeoir et des bougies. Si vous pratiquez une religion et, si vous en ressentez la nécessité, ajoutez une image de l'être à qui vous adressez vos prières. Évitez en tous cas le capharnaüm bariolé de couleurs violentes. Arrangez cet endroit jusqu'à ce que vous vous y sentiez bien. Ne choisissez pas une pièce de guingois avec des murs obliques.

b) Il doit vous isoler des stimuli auditifs

Si vous vivez en ville dans un quartier bruyant ou dans tout autre endroit où les sons vous agressent, ajoutez des doubles rideaux à vos fenêtres et un rideau lourd devant votre porte. Ou encore faites installer un double vitrage.

c) Il doit vous isoler des stimuli olfactifs

Choisissez un endroit autant que possible éloigné de votre cuisine. Ne portez pas votre parfum habituel. Par contre, faites brûler de l'encens sans exagérer. L'encens en effet est propice à la perception extra sensorielle. L'encens vous aidera, d'une part, en faisant écran aux odeurs habituelles et d'autre part, lorsqu'il brûle, il dégage des molécules qui sont « apaisantes » (comparables à celles qui sont contenues dans le haschich).

La fumée d'encens stimule les régions du cerveau qui président à la voyance tout en ayant un effet calmant. Toutefois, il se peut que vous constatiez un effet irritant : gorge ou nez qui piquent, conjonctivite. Soit vous avez forcé la dose, soit l'encens que vous avez acheté contient des impuretés auxquelles vous êtes allergiques. N'insistez pas, cherchez une autre marque ; il existe beaucoup de variétés d'encens. Si tous les encens vous font éternuer, laissez tomber. Certaines personnes peuvent être victimes de crises d'asthme.

d) Il doit vous isoler des réalités quotidiennes : trois quarts d'heure chaque jour dans un autre univers

Trouvez trois quarts d'heure chaque jour pour vous isoler dans votre nouvel univers. Prévenez vos proches que vous travaillez et **ne voulez pas être dérangé.**

Débranchez votre téléphone, si vous êtes seul. N'oubliez pas de préparer un «pense-bête» pour vous rappeler que vous aurez à le brancher en redescendant sur terre, sinon vous risquez de ne jamais le faire !

Oubliez la pression du quotidien lorsque vous entrez dans votre lieu d'isolation. Laissez les remous des soucis se briser sur les murs qui l'entourent. Puis portez votre attention sur ce nouveau décor. Fermez portes et fenêtres après avoir aéré au maximum.

Éteignez l'électricité, allumez la bougie et l'encens. Ne vous pressez pas, dites-vous que vous avez trois quarts d'heure d'éternité devant vous. Savourez lentement le plaisir d'être dans un lieu de calme et de repos. Allongez-vous sur votre divan.

Votre divan doit isoler votre corps des forces qui le tiraillent en tous sens pour le maintenir debout, assis ou en mouvement. Votre corps lutte en permanence contre la pesanteur qui l'attire vers le bas. La plupart du temps, il se crispe pour accomplir les tâches qui lui incombent. Votre colonne vertébrale, notamment dans la région des lombaires et du cou, est continuellement soumise à des tensions fatigantes.

Votre divan doit à la fois faire un minimum de pressions sur votre corps, reposer votre colonne vertébrale et soulager toutes vos tensions musculaires. Il ne faut pas qu'il soit mou : un matelas posé sur une surface dure et plane, à même le sol par exemple ou sur un socle en bois conviendra parfaitement. Allongez-vous sur le dos, bras et jambes légèrement écartés, paumes de la main tournées vers le haut. Si vous souffrez des lombaires, mettez un petit coussin sous vos genoux. En revanche, ne placez ni coussin ni oreiller sous votre tête.

4) Prenez possession de ce lieu magique

Installez-vous confortablement, laissez votre esprit libre. Ne le guidez pas, qu'il aille où bon lui semble. Vous êtes allongé sur le dos, bien au calme. La fumée de l'encens se répand dans l'espace, et maintenant que vos yeux s'habituent à la pénombre, la petite flamme de la bougie semble plus lumineuse. Vous pouvez garder les yeux ouverts ou les fermer. Suivez votre instinct.

L'essentiel est de prendre possession de votre nouvel univers par vos sens : écoutez les bruits de la pièce, sentez l'odeur de l'encens, la pression du matelas sur votre corps... lentement, très lentement.

Laissez les idées, les images, ou bien rien du tout, traverser votre cerveau. Si le sommeil vous gagne, dormez, c'est que vous en avez besoin. Si vous vous énervez ce n'est pas grave ; vous êtes là pour apprendre.

Au bout d'un moment, demandez-vous pourquoi vous désirez devenir voyant(e). Puis laissez à nouveau vagabonder votre esprit.

Au bout d'une demi-heure (trois quarts d'heure si vous le pouvez et le désirez), asseyez-vous et notez ce qui vous a paru intéressant sur un carnet. Répétez cet exercice durant une semaine.

LEÇON 2

ENLEVER LES TENSIONS MUSCULAIRES

Depuis une semaine, vous avez pris l'habitude de vous retirer chaque jour de votre monde quotidien durant trois quarts d'heure environ. Jusqu'ici vous avez laissé votre esprit vagabonder. Vous avez également réfléchi à la raison pour laquelle vous désiriez apprendre la voyance. Vous avez sans doute trouvé une raison, peut-être plusieurs. Vous en trouverez probablement d'autres.

Peut-être n'en avez-vous trouvé aucune : votre instinct simplement vous a poussé vers cette étude. Peu importe, ce n'est là que la phase actuelle de votre évolution. Vous avez durant une semaine enlevé un certain nombre de pressions extérieures qui bloquaient votre corps physique. Vous les avez enlevées matériellement.

Maintenant, à l'action de la matière, nous allons ajouter celle de l'esprit, dans le but d'approfondir ce processus de libération, grâce à l'utilisation de l'attention qui est d'ailleurs la clef de la perception extra sensorielle. Vous pouvez penser que votre attention manque de puissance. Rassurez-vous, elle est là, latente, prête à agir, si vous faites ce qu'il faut. Vous pouvez penser que vous possédez une grande force d'attention : méfiance. Prenez garde en effet à ne pas confondre crispation et attention. L'attention véritablement maîtrisée est sœur de la décontraction. Et justement la voyance se fait dans la décontraction. Un certain «lâcher prise» est nécessaire. Nous vous proposons donc un premier exercice dont le but est d'enlever les tensions musculaires, en utilisant les pouvoirs de l'esprit en général et de l'attention en particulier. Cet exercice est issu du yoga Nidra, qui est essentiellement un yoga d'attention. (2)

1 - PRÉPARATION DE L'EXERCICE

a) L'heure

Cet exercice, comme tous ceux que nous vous proposons, ne doit pas se faire n'importe quand. Attendez au moins une heure et demie après un repas léger et quatre heures après un bon repas, sinon vous risqueriez de vous endormir. Ne le faites pas non plus trop tard dans la soirée, le sommeil pourrait également vous gagner. Quand on a une vie familiale, il n'est pas tou-

(2) Si vous avez pratiqué la sophrologie ou le ***training autogène de Schultz,*** *vous vous poserez sans doute certaines questions. Mais il faut savoir tout d'abord que ces deux méthodes sont issues du yoga Nidra, sans que leurs auteurs aient eu toujours l'honnêteté de le reconnaître. Deuxièmement, ces méthodes occidentales ont détourné le yoga Nidra de son but (****Yoga*** *signifie «s'unir à», «se relier à») et se sont arrêtées à la relaxation sans guère aller au-delà.*

jours facile de s'organiser, aussi n'aurez-vous peut-être pas le choix du moment. Néanmoins, si vous mangez légèrement, vous aurez moins de problèmes d'endormissement. Le meilleur moment, si vous êtes «du soir», se situe avant le dîner, autour de 19 h, et si vous êtes du matin, avant le petit déjeuner, ou après avoir pris un thé léger, autour de sept heures.

b) Le lieu

L'idéal est bien sûr votre «lieu d'isolation». Aérez au maximum, puis fermez la porte et la fenêtre. Allumez une bougie, posez-la dans un coin éloigné de votre divan, afin qu'elle éclaire à peine la pièce. Allumez votre encens habituel. Enlevez vos chaussures et allongez-vous calmement sur votre divan. Vérifiez que rien ne vous serre.

Si vous continuez, malgré les conseils de la première leçon, à porter une ceinture serrée, desserrez-la, ou plutôt enlevez-la (vous aviez peut-être une obligation sociale ou mondaine qui vous obligeait à porter cette ceinture). Goûtez un instant le plaisir d'être là. Installez-vous sur le dos, jambes et bras légèrement écartés de votre corps, de façon à ne pas sentir le contact de vos bras contre votre corps, de vos jambes l'une contre l'autre. Inutile de vous écarteler. Il faut simplement éviter ces contacts durant cet exercice. Fermez les yeux. Respirez trois fois profondément.

c) Comment respirer

La respiration est une chose capitale. Tout exercice de l'esprit est porté par le souffle. Mais en dehors des trois respirations qui précèdent l'exercice que nous vous proposons, vous ne devrez jamais tenter sciemment de modifier votre souffle (sauf lorsque nous vous le dirons) durant les exercices de direction de l'attention. C'est votre corps qui modifiera votre souffle en fonction de la direction donnée à votre conscience, beaucoup mieux que vous ne sauriez le faire. Car, en ces matières, sachez-le, votre corps est plus intelligent que vous.

Maintenant, occupons-nous des trois respirations, partant de la constatation que trois quarts des gens ne savent pas respirer. Ils respirent avec le haut de leur cage thoracique, si bien que le bas de leurs poumons n'est jamais empli d'air.

Voici donc comment procéder :

- **L'inspiration** - En commençant l'inspiration, vous devez pousser votre diaphragme vers le bas en gonflant le ventre. Ce faisant, vous dépliez le bas de votre thorax. Ensuite, seulement en terminant l'inspiration, vous dépliez à son tour le haut de votre cage thoracique.

- **L'expiration** - En expirant, rentrez le ventre ; en poussant le diaphragme vers le haut et en comprimant la cage thoracique.

Pour vous aider, exercez-vous en plaçant vos mains sur votre ventre pour sentir si vous faites les mouvements correctement : à «l'inspir» le ventre se gonfle, à «l'expir» il se creuse.

Si vous n'avez pas l'habitude de cette respiration, il y a de fortes chances pour que vous soyez déconcertés au début. En effet, dans notre civilisation occidentale, il est de bon ton de rentrer le ventre en bombant le torse.

C'est ce qu'on nous apprend bien souvent à l'école, en cours de gymnastique. Or, c'est le contraire que vous devez faire. Notez que cette respiration abdominale est utilisée par les cardiologues pour rééduquer la respiration des cardiaques. Vous avez fait vos trois respirations. Ne recommencez pas vingt fois, si elles ne sont pas parfaites. Le but est de se décontracter et non de s'infliger une tension supplémentaire. Cela finira par venir grâce à l'habitude.

2 - L'EXERCICE PROPREMENT DIT

Les yeux sont fermés, ils doivent rester clos du début jusqu'à la fin de l'exercice. Couché sur le dos, le corps doit être bien droit, la tête dans l'axe, les jambes légèrement écartées, les bras le long du corps légèrement décollés, paumes tournées vers le haut. Comme pour l'exercice précédent, placez un petit coussin sous vos genoux si vos lombaires sont fragiles. Veillez à ce que le cou soit bien à plat. Une fois l'exercice commencé, vous ne devrez plus ni bouger, ni ouvrir les yeux.

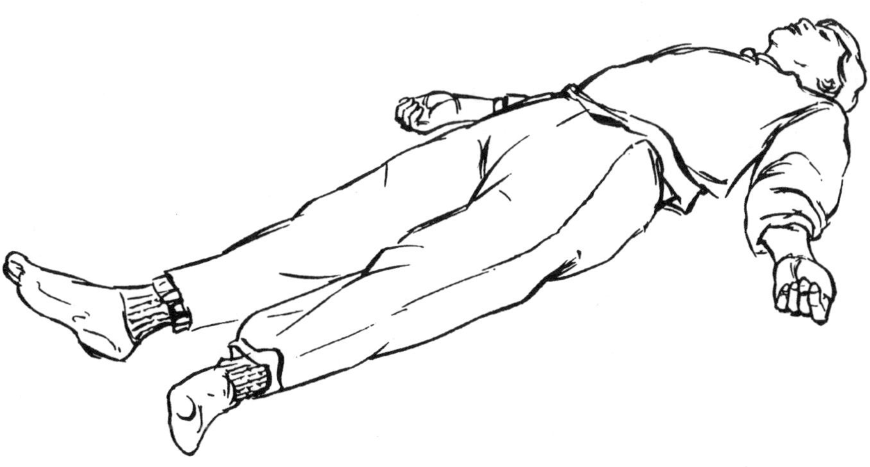

Posture du Yoga Nidra

a) Dans le silence de votre lieu d'isolation, vous allez commencer à écouter, à écouter les sons *(il y a d'autres écoutes)*.

Vous avez fermé portes et fenêtres, rideaux, pour vous couper des bruits extérieurs, mais vous n'avez pas pu faire un rempart infranchissable.

- Tendez l'oreille pour écouter les bruits de l'extérieur.
- Portez d'abord votre attention sur les bruits les plus lointains : si vous êtes en ville, écoutez les bruits de la circulation automobile de votre quartier. Vous les entendez bien, maintenant, dans cette pièce qui vous semblait pourtant silencieuse.
- Écoutez encore et essayez d'entendre les sons plus lointains, ceux qui se trouvent à la périphérie de votre ville, et encore plus loin, si vous le pouvez.

Si vous êtes à la campagne, écoutez les bruits qui environnent votre habitation, le plus loin possible, jusqu'à l'horizon. *(Vous verrez que votre écoute est capable d'aller au-delà des fenêtres fermées, et des doubles rideaux...)*

- Maintenant, revenez doucement à une écoute plus proche des sons.

Écoutez les bruits de votre immeuble, puis ceux des autres pièces de votre maison.

- Rapprochez encore votre écoute.
- Écoutez les bruits de la pièce d'isolation où vous vous trouvez, les bruits infimes de la bougie qui brûle, des petits craquements, le tic tac de votre montre...
- Rapprochez encore votre écoute vers vous-même.
- Écoutez les bruits de votre corps, les bruits intérieurs de votre corps, de votre respiration. Écoutez votre respiration encore.

b) Maintenant, les yeux toujours fermés revoyez dans votre tête la pièce où vous vous trouvez.

- Revoyez le plafond, les murs, la fenêtre avec ses rideaux tirés. Voyez le sol.
- Puis votre lit.
- Puis voyez-vous vous-même, étendu sur votre lit, comme si vous étiez extérieur à vous-même.

c) Maintenant, sentez le poids de votre corps sur le matelas.

- Sentez le contact du matelas avec toute la partie postérieure de votre corps.
- Sentez le matelas sur votre dos. On dirait que le matelas s'appuie sur votre dos.
- Sentez les points de contacts particulièrement forts entre le matelas et votre corps, le dos de votre tête, votre dos, tout le dos, si vous avez un coussin sous vos genoux, le point de contact entre le matelas et vos mollets, entre le matelas et vos talons, entre le matelas et vos coudes.

d) Maintenant, pensez à votre corps comme un sac en tissu rempli de vieux chiffons et abandonné sur le matelas.

- Abandonnez votre corps comme vous auriez abandonné un paquet de chiffons. Laissez-le se reposer. Laissez-le se reposer tout seul.

e) Maintenant, sentez votre main gauche, les doigts de votre main gauche.

- Relâchez les contractions musculaires qui les tiennent encore crispés, laissez se détendre vos doigts, toute votre main gauche, détendez votre poignet gauche.

f) Relâchez toutes les parties du corps dans l'ordre que nous allons vous donner, en vous répétant mentalement chaque partie du corps que vous relâchez. Ne vous attardez pas sur ces différentes parties, vous les énumérez simplement en les relâchant au fur et à mesure, sans vous préoccuper du résultat. Le principal, c'est qu'au moins une partie du corps se détende. Si vous arrivez du premier coup à tout relâcher, c'est parfait, vous êtes très doué pour vous relaxer, sinon cela se fera tout seul au bout d'un certain temps.

Donc, pour l'instant, ne passez pas plus de trois au quatre secondes sur chaque partie de votre corps que vous énumérerez mentalement et dans l'ordre suivant :

Doigts de la main gauche • Paume de la main gauche
Toute la main gauche • Poignet gauche
Avant-bras gauche • Coude gauche
Bras gauche • Épaule gauche
Aisselle gauche • Côté gauche
Poitrine à gauche • Taille à gauche
Hanche gauche • Cuisse gauche
Genou gauche • Jambe gauche
Pied gauche • Orteils gauches
Orteils droits • Pied droit
Jambe droite • Genou droit
Cuisse droite • Fessier droit
Hanche droite • Taille à droite
Thorax à droite • Aisselle droite
Épaule droite • Tout le dos
Le cou • La tête
Les muscles du crâne • Le visage
La bouche • Les lèvres
La langue • La joue à gauche
La joue à droite • La narine gauche
La narine droite • Les paupières
Le front.

• Ne vous inquiétez pas, si vous «sautez» des parties du corps. Le principal c'est de suivre toujours le même sens.

• Vous partez de la main gauche, vous remontez le long du côté gauche jusqu'à l'épaule, vous redescendez le long du côté gauche jusqu'au pied gauche.

• De là, vous passez au pied droit, vous remontez le long du côté droit du corps jusqu'à l'épaule; puis vous faites le dos et vous remontez jusqu'au cou, à la tête, au crâne, puis au visage.

• Faites toujours le même circuit, cela crée un automatisme. Cet automatisme est très important pour la suite. Récitez-vous-le mentalement.

• Faites cet exercice dorénavant tous les jours durant une demi-heure, trois quarts d'heure.

Mais ne forcez pas. Arrêtez-vous, si cela vous énerve et ne vous inquiétez pas. Vous aurez prochainement des techniques préparatoires que vous pourrez utiliser avant cet exercice.

REMARQUE - **Vous ne devez pas vous endormir durant cet exercice.** Lorsque vous avez terminé, respirez profondément, étirez-vous et relevez-vous tranquillement.

LEÇON 3

ENLEVER LES TENSIONS MUSCULAIRES, PSYCHIQUES ET MENTALES

UNE des meilleures performances que j'ai réalisée en télépathie a eu lieu après une très longue marche à pied due à un manque forcé de moyen de locomotion. C'était à Nice, j'avais rendez-vous à l'autre bout de la ville, et j'avais dû faire tout le trajet à pied, près de sept kilomètres ! Descendre la colline du Mont Boron, contourner le port, puis longer les deux tiers de la promenade des Anglais.

Je suis arrivée à mon rendez-vous, avec le cerveau vidé, ou plutôt complètement absorbée par les sensations que lui envoyait mon corps : sensation de saine fatigue, de chaleur, sensation des battements du cœur après l'effort, de la circulation sanguine accélérée, que je sentais pulser sourdement dans mes jambes. L'expérience de télépathie eut lieu aussitôt mon arrivée, sans que j'ai eu le temps de «récupérer». Eh bien ! J'ai réussi du premier coup une longue série d'objets à percevoir.

Comme j'aime beaucoup la marche à pied, il m'est arrivé, une autre fois, de traverser tout Paris à pied pour me rendre à une démonstration publique de perception extra sensorielle.

Même étonnant résultat : trois séries sans faute.

Quelque temps plus tard, j'avais une conversation avec une de mes amies, championne d'échecs, ayant participé aux championnats du monde en Amérique latine.

Quelle ne fut pas ma surprise lorsque je l'entendis me raconter qu'avant les épreuves, les concurrents, en guise de préparation à ce jeu mental, avait couru pendant deux heures.

Paraît-il que cela leur préparait le cerveau. Or, la qualité majeure que l'on demande à un joueur d'échecs, c'est la qualité de l'attention.

L'attention est puissamment mise en jeu. Si elle se relâche un instant, on commet une erreur, d'où une perte ou une défaite... dans neuf cas sur dix, c'est le joueur le plus attentif et non le plus habile qui gagne.

Il en est de même pour la voyance : c'est une question d'attention qui ne doit pas dévier d'un pouce. Bien sûr nous en reparlerons, mais sachez que vous avez déjà commencé à entraîner votre attention.

Retenez pour l'instant qu'un bon exercice physique dispose votre corps et votre esprit à exercer cette qualité particulière d'attention. Lors d'un exercice physique suffisamment intense, le mental se vide. À la fin de l'exercice, on se sent «abruti». C'est que le cinéma mental qui s'active frénétiquement dans notre cerveau s'est enfin calmé sous l'effort physique. Le cerveau était occupé à autre chose qu'à ressasser ses soucis quotidiens.

Une certaine fatigue physique empêche la dispersion du mental qui n'est plus capable de tenir compte de plusieurs stimuli à la fois, et d'autre part elle prépare à une attention tournée vers l'intérieur et non vers l'extérieur.

Les stimuli qui viennent de notre propre corps (les sensations de battements du cœur, muscles échauffés etc.) prennent le pas sur l'extérieur. Ils attirent notre attention vers l'intérieur.

Or, c'est en dirigeant notre attention vers l'intérieur que nous pouvons capter les messages que nous recevons d'une façon extra sensorielle.

De plus, l'exercice physique accroît l'oxygénation du corps et donc du cerveau.

Pour cette troisième leçon, nous vous proposons donc de vérifier par vous-même l'effet de l'exercice physique sur la perception extra sensorielle.

Maintenant que vous avez pris l'habitude de porter des vêtements qui ne vous entravent plus, d'être chaussé de façon confortable, c'est le moment d'en profiter !

EXERCICE

Faites une marche à pied, en marchant d'un bon pas, durant une heure environ, ou plus, si vous êtes déjà entraîné. Le but, c'est de vous retrouver fatigué au point de n'avoir plus qu'une envie : *vous laisser tomber sur votre divan et ne rien faire du tout.* **Cette marche doit être suffisamment rapide pour mobiliser votre esprit.**

Vous ne devez pas vous arrêter en route pour bavarder avec des connaissances ou faire du lèche-vitrine, ni essayer de résoudre mentalement un problème ardu. Laissez flotter vos pensées.

Juste après cette marche, aussitôt rentré chez vous, buvez un verre d'eau, lavez-vous les mains et installez-vous sans perdre de temps pour faire l'exercice suivant qui est légèrement différent du précédent.

Bien que les différences soient légères, elles sont importantes. Surtout, n'attendez pas une heure avant de vous y mettre, car c'est dans la phase de récupération musculaire qu'il est le plus facile de sentir son corps.

- **Installez-vous comme d'habitude, fermez les yeux, respirez trois fois profondément.**
- Ne pensez à rien et laissez votre corps se détendre. Sentez-le se détendre et ne pensez à rien d'autre.
- Mettez toute votre attention dans les sensations que votre corps vous envoie.
- Sentez la fatigue qui s'est accumulée dans vos jambes, et dans tout votre corps.
- Soyez totalement attentif à l'agréable sensation de détente qui fait suite à l'effort.

• **Ne vous endormez pas !** Tandis que votre corps se repose, dirigez votre attention sur les bruits qui se trouvent en dehors de votre lieu d'isolation. Dirigez-la le plus loin possible jusqu'à l'horizon et au-delà.

• **Écoutez jusqu'à ce que vous entendiez des sons, jusqu'à l'extrême limite de votre perception.**
Écoutez encore, le plus loin possible.
Ramenez votre attention vers les bruits de votre quartier ou de votre proche environnement.
Écoutez attentivement encore, encore.

• **Ramenez votre attention sur les bruits de votre immeuble ou de votre maison.**
Écoutez attentivement quelques secondes.
Puis ramenez-la à l'intérieur de votre pièce.
Écoutez toujours bien attentivement sans forcer, mais sans jamais penser à autre chose.

• **Enfin, vous ramenez votre attention à l'intérieur de votre corps :** écoutez les bruits de votre corps, les bruits intérieurs, les bruits de votre respiration.
Écoutez votre respiration.

Ne vous endormez pas !

Et maintenant, vous refaites entièrement l'exercice de la leçon N° 2. *Mais avec une variante.*

Lorsque vous relâchez chaque partie de votre corps l'une après l'autre, prenez le temps de prendre conscience de la sensation que cette relaxation vous procure.

DÉCONTRACTEZ CHAQUE PARTIE DE VOTRE CORPS, DANS L'ORDRE SUIVANT, SANS OUBLIER DE SENTIR CETTE DÉCONTRACTION, ET N'OUBLIEZ PAS D'ÉNUMÉRER MENTALEMENT CHAQUE PARTIE :

Doigts de la main gauche • Paume de la main gauche
Toute la main gauche • Poignet gauche
Avant-bras gauche • Coude gauche
Bras gauche • Épaule gauche
Aisselle gauche • Côté gauche
Poitrine à gauche • Taille à gauche
Hanche gauche • Cuisse gauche
Genou gauche • Jambe gauche
Pied gauche • Orteils gauches
Orteils droits • Pied droit
Jambe droite • Genou droit
Cuisse droite • Fessier droit
Hanche droite • Taille à droite
Thorax à droite • Aisselle droite
Épaule droite • Tout le dos
Le cou • La tête
Les muscles du crâne • Le visage
La bouche • Les lèvres
La langue • La joue à gauche
La joue à droite • La narine gauche
La narine droite • Les paupières
Le front.

Vous allez maintenant ajouter la relaxation du cerveau :

Dirigez votre conscience vers l'intérieur de votre crâne et détendez la masse cérébrale qui se trouve à l'intérieur, en allant de la périphérie vers le centre.

Attendez quelques instants. Respirez profondément. Étirez-vous. Relevez-vous. Et maintenant posez-vous la question : Vous avez senti votre corps vivre. N'avez vous pas eu l'impression qu'il était en quelque sorte indépendant par rapport à vous ? Il vous a envoyé des messages. Peut-être ces messages ont-ils été intenses, peut-être imperceptibles. Mais vous avez forcément senti quelque chose, ne serait-ce que des picotements ou une impression de lourdeur ou de chaleur ou de froid ou de légèreté. Cela dépend de votre sensibilité. Faites cet exercice tous les jours de la semaine et réfléchissez à ce que vous avez senti. Vous pouvez prendre des notes sur un journal.

CONSTATEZ - La détente du corps a entraîné une détente psychique et mentale.

COMPAREZ - La détente de votre corps a-t-elle été plus efficace que lorsque vous avez pratiqué l'exercice de la leçon précédente c'est-à-dire sans êtes précédé de la marche à pied ? En principe, la détente doit être meilleure, plus profonde, lorsqu'un exercice physique sain la précède.

Si vous ne vous êtes pas du tout détendu lors des exercices précédents, pratiquez pendant un certain temps la marche à pied avant de vous y mettre. Par la suite, vous ne devriez plus avoir besoin d'y avoir recours pour vous détendre. Mais il serait souhaitable que vous fassiez *au moins trois quart d'heure/une heure de marche à pied, d'un bon pas, par jour.* Cela chasse l'agitation du mental. Et, pour les nerveux qui n'arrivent pas à se tenir tranquille, c'est absolument indispensable. Quoiqu'il en soit, gardez en mémoire qu'une marche d'une heure est une excellente préparation à la perception extra sensorielle.

LEÇON 4

L'ÉCOUTE, CLEF DE LA VOYANCE

LORS des exercices précédents, vous avez décontracté votre corps et vous avez senti cette relaxation s'étendre à travers les différentes parties de votre corps.

Or, si vous avez ressenti cette relaxation, c'est que vous y avez prêté attention, autrement dit c'est que vous avez été à l'écoute de votre corps.

Il s'agissait de la première étape de l'écoute, *l'écoute, clef de la voyance.*

Certes, il reste difficile à votre corps de vous envoyer des messages, car il n'est pas encore entièrement déverrouillé.

Mais, et c'est notre première réussite, il n'est plus totalement muet. De plus, il a acquis des réflexes.

Normalement, après plusieurs semaines d'entraînement aux exercices précédents, le corps a dû prendre le réflexe de se relaxer tout entier avant même que ayez induit cette relaxation à toutes ses parties. Autrement dit, il peut se détendre presque d'un seul coup comme se répand de l'eau, sans qu'il y ait formulation des mots le pied, le pouce etc., mais seulement l'attention qui glisse, d'un organe à l'autre, dans sa rotation.

Si c'est le cas, c'est très bien, vous êtes vraiment très doué. Si ce n'est pas le cas, cela viendra un peu plus tard. Mais, de toute façon, il est temps d'aborder les exercices.

Ces exercices ont pour but de renforcer l'écoute d'une manière plus spécifique.

EXERCICE 1

Avant de commencer, recouvrez-vous d'une couverture légère, car vous risquez de vous refroidir durant cet exercice. Vous ne devez pas sentir le poids de cette couverture. Elle ne doit pas non plus être tendue et tirer sur vos pieds.

- Bras et jambes légèrement écartés, paumes tournées vers le haut, yeux fermés, faites trois respirations profondes.

- Écoutez les sons dans le lointain, comme pour les exercices précédents, puis dans la périphérie, puis dans votre maison ou votre immeuble, puis dans votre pièce et en vous-même.

- Visualisez votre pièce d'isolation, les murs, le plafond, vous-même étendu sur votre matelas, comme si vous étiez à l'extérieur de vous-même.
- Abandonnez votre corps comme s'il s'agissait d'un vêtement.

- **Sentez les points d'appui et de contacts de votre corps sur votre sol ou votre matelas.** Sentez bien ces points, sentez-les bien, le contact des fessiers, des omoplates, des coudes, de l'arrière de la tête, des mains.

- **Relâchez toutes les parties de votre corps comme dans les exercices précédents.** Vous êtes maintenant, en principe, totalement décontracté. Mais, même si vous ne l'êtes pas totalement, ce n'est pas grave. Passez à la suite tranquillement.

- Sentez vos pieds dans vos chaussures ou dans vos chaussettes ou bien encore si vous êtes pieds nus, sentez le contact entre votre couverture et vos pieds, sentez la couche d'air chaud qui se trouve entre la partie de vos pieds qui ne touche pas la couverture et la couverture. Sentez le contact de vos vêtements sur votre corps et sentez les variations de sensations que vous procure le contact de vos vêtements suivant les mouvements de votre respiration. Sentez-les bien, sentez-les bien... *Et maintenant, attention !*

Vous allez refaire le même circuit que dans les exercices précédents, mais cette fois au lieu de décontracter successivement les différentes parties de votre corps, vous allez les sentir.

- Sentez en énumérant mentalement, mais, cette fois, la rotation doit être plus lente qu'auparavant.

- **Sentez votre main droite, sentez les doigts de votre main droite :** pouce de la main droite, sentez bien le pouce, prenez votre temps, sentez le bout du pouce, l'ongle de votre pouce, son insertion dans la chair du pouce. **Sentez successivement :** l'index de la main droite, le majeur, l'annulaire, l'auriculaire. Sentez la paume de la main, le dos de la main droite. Le poignet, sentez bien le poignet droit, son articulation. Sentez l'avant-bras droit, le coude droit, le bras, tout le bras. Toute la main. Sentez l'épaule droite, son articulation, l'aisselle droite, sentez-la bien. Sentez votre côté droit. Redescendez en sentant votre taille, votre hanche, votre cuisse droite, votre genou droit, votre jambe droite, cheville, talon, pied, orteils. Sentez vos orteils comme vous avez senti vos doigts. Passez au pied gauche et remontez en sentant jusqu'à l'épaule. Sentez votre dos en partant du bas et en remontant jusqu'à la nuque. Sentez votre tête, sentez votre visage. Sentez votre ventre, votre poitrine. Sentez votre respiration, sentez l'air entrer et sortir de votre corps. Sentez bien l'air entrer par le nez, descendre dans votre trachée, dans vos poumons, les emplir, dilater les alvéoles pulmonaires, ressortir par les bronches, la trachée, le nez.

- Arrêtez-vous. Étirez-vous.

En faisant cet exercice, vous vous êtes mis à l'écoute de votre corps. Vous en avez sollicité les différentes parties, et ces différentes parties ont «entendu» votre appel. Elles ont reçu en quelque sorte votre message et elles vous ont répondu. À leur tour elles vous ont envoyé un message. Vous avez communiqué avec elles.

Comment avez-vous fait ?

Vous ne pouvez pas vraiment répondre à cette question. Vous n'avez fait que diriger votre attention. Vous avez écouté et entendu, ou plutôt perçu une réponse.

En fait, vous avez fait de la télépathie avec cet univers inconnu : vous-même. Et, vous le verrez par la suite, **la télépathie et la voyance avec les autres, c'est la même chose.**

IMPORTANT - Il ne s'agit pas ici, pour l'instant, d'imposer une sensation à votre corps : *chaud, lourd, léger, etc.* **Nous développons la voyance :** *votre corps vous enverra ce qu'il voudra. Laissez-le faire absolument.* Soyez simplement à l'écoute, vous parviendrez ainsi à recevoir des messages et non à les envoyer. Lorsque vous sollicitez les différentes parties de votre corps, vous établissez le contact, comme vous devrez l'établir avec les autres par la suite. Si vous faites du yoga par ailleurs, ou si vous connaissez des gens qui en font et vous font des commentaires, n'établissez pas de comparaison et n'essayez pas d'obtenir les mêmes résultats.

Les messages que vous envoie votre corps vous sont propres. Ils n'ont pas besoin d'être ceux du voisin. Vous n'avez donc pas à vous soucier de ce que Pierre ou Paul perçoit. Rien, ni personne, ne doit vous dire ce que vous devez ressentir.

Lorsque vous êtes à l'écoute de votre corps, vous ne devez rien imaginer. Restez dans une attente sans idée préconçue et même sans idées du tout. Sinon vous mettrez des barrières à votre perception. Dites-vous bien que ce sera toujours le mental qui faussera l'écoute ou la bloquera.

Lorsque vous regardez la façon de s'habiller d'une personne, vous vous imaginez sûrement qu'elle doit représenter ceci ou cela ; eh bien, il est possible que vous vous trompiez : **c'est en attendant l'inconnu que vous percevrez.**

En résumé : *vous devez avoir l'attitude de quelqu'un qui est dans le noir et attend que le film commence.*

REMARQUE - Si vous avez fait un réel effort d'attention pour écouter les réponses de votre corps, vous avez peut-être observé que votre respiration semble par moments s'arrêter. C'est que, en effet, il est plus facile d'écouter la réponse en s'arrêtant de respirer.

Aussi, d'instinct, c'est ce que vous avez peut-être fait.

Cela se vérifie d'ailleurs dans la vie courante.

Imaginez que vous êtes seul une nuit dans votre appartement et que soudain vous entendez un bruit suspect.

Si ce bruit vous inquiète, que faites-vous ?

Vous arrêtez tout mouvement, écoutez avec intensité, et même vous ne respirez plus parce que vous entendez mieux ainsi et que votre instinct vous y a poussé.

De même, en écoutant les réponses de votre corps avec intensité, vous avez ralenti votre respiration, votre corps d'instinct s'est même arrêté parfois de respirer. Mais pas n'importe quand ; il s'est arrêté à la fin de «l'inspir».

Aussi, le deuxième exercice va utiliser cet invention du corps, pour faire passer l'écoute à un degré supérieur.

EXERCICE 2

Cet exercice est le même que le précédent, mais avec une différence fondamentale : il va se faire en modifiant la respiration. C'est-à-dire que vous allez procéder par une série d'écoutes successives, en inspiration bloquée.

- Prenez une grande inspiration, retenez-la et écoutez le plus profondément possible, avec le plus d'intensité possible les différentes parties de votre corps.

Il ne s'agit pas là de rester une minute en inspiration bloquée sur chaque partie de votre corps. Mais, suivant votre inspiration, d'écouter ainsi les parties du corps que vous voulez explorer.

Un jour vous écoutez votre estomac, un autre jour votre cœur et ses battements. Tout dépend du temps dont vous disposez et de votre patience.

Enfin, lorsque vous commencerez à prendre goût à cet exercice, nous vous recommandons de porter votre attention particulièrement sur votre cerveau et sur vos yeux.

EXERCICES AU QUOTIDIEN

Apprenez à faire confiance à votre corps. Maintenant que vous l'avez débarrassé de ses carcans, votre corps devrait commencer à se faire entendre spontanément. Aussi, profitez-en, écoutez-le et laissez-le vous guider. Écoutez les sensations qu'il vous procure lors de vos différents mouvements, assis, en marchant, etc. Donnez-lui satisfaction, n'hésitez pas à changer de position, si vous n'êtes pas bien.

Apprenez à écouter s'il a faim ou soif. S'il n'a plus faim ou plus soif. Lorsque nous sommes à table, nous mangeons machinalement, et bien souvent au-delà de notre faim.

Lorsque vous mangez, prêtez attention aux sensations que vous éprouvez en goûtant, mastiquant, avalant. Puis, apprenez à trouver le moment où vous n'avez plus vraiment faim.

La plupart du temps, notre attention se fixe sur les plats au lieu de se fixer sur notre faim.

Si, au lieu de fixer votre attention, captée par les stimuli extérieurs comme l'odeur ou la couleur d'une mousse au chocolat, *vous fixez votre attention sur votre estomac et vos sensations intérieures, vous verrez immédiatement la différence et vous comprendrez qu'en réalité vous n'avez pas forcément besoin de chocolat.*

Ne faites pas attention à plusieurs choses à la fois :
Lorsque vous prêtez attention aux sensations que vous envoie votre corps, n'essayez pas d'écouter en même temps la radio, ou pire de regarder la télévision.

La télévision est l'outil parfait pour vous engluer la cervelle et vous empêcher de développer l'ESP.

Comme il ne s'agit pas de vous brimer, mais de vous réharmoniser, ne la supprimez pas totalement, si vous avez besoin de vous changer les idées.

Mais si vous ne pouvez pas vous en passer, vous aurez du mal à avancer sur le chemin que nous vous traçons. **Lorsque vous saurez écouter votre corps, vous pourrez écouter les autres.**

Rappelez-vous le très ancien adage : *« Connais-toi toi-même et tu connaîtras l'univers et les dieux.»*

Si vous vous intéressez à la voyance, vous avez peut-être entendu parler de certains grands médiums qui ont découvert leurs dons à la suite d'un grave accident ou d'une longue maladie.

C'est ce qui est arrivé à une grande médium soviétique qui s'est spécialisée dans la voyance médicale, à la suite d'un grave accident qui l'a laissée alitée durant de longs mois.

Durant cette période de souffrances, elle a appris à sentir son corps, à se mettre en contact télépathique avec les organes atteints, à établir une sorte de dialogue avec eux et à les aider à se guérir.

Aujourd'hui, elle est capable de se mettre en contact télépathique avec le corps des autres, d'établir des diagnostics, de décrire les parties malades.

Car en fait, celui qui sait écouter son corps en profondeur, saura écouter les autres comme s'il s'agissait de son propre corps.

Il vous faut donc continuer à enlever les blocages de votre corps, tout en renforçant l'écoute.

LEÇON 5

LE POUVOIR DE LA PENSÉE, ÉDUQUER LA PENSÉE POSITIVE

LA pensée possède une force extrêmement puissante et agissante.

***Saint Thomas d'Aquin* écrivait ceci :** « *...toute idée conçue dans l'âme est un ordre auquel obéit l'organisme. Ainsi, la représentation de l'esprit produit dans le corps une vive chaleur ou le froid; elle peut engendrer ou guérir la maladie* ».

Un fait divers datant d'il y a quelques années illustre bien ce pouvoir incroyable de la pensée : un malheureux, réfugié provisoirement dans un wagon frigorifiquc, fut enfermé par un surveillant qui verrouilla la porte de l'extérieur. L'homme enfermé ainsi sentit peu à peu le froid le gagner. Il eut l'idée de noter ses sensations au fur et à mesure qu'il gelait et s'affaiblissait. Puis il mourut. On trouva son cadavre raidi le lendemain, en ouvrant le wagon. On lut les notes qu'il avait laissé tomber sur le plancher du wagon avec stupéfaction : le système de refroidissement n'avait jamais été branché. Convaincu de mourir de froid, il était réellement mort... de froid.

On voit dans cet exemple combien **les pensées négatives peuvent être terriblement destructrices.** Imaginons alors tout ce que nos pensées négatives causent de ravages et de blocages dans notre corps physique et psychique sans même que nous le sachions. Le doute est une pensée négative. En tant que tel, il est l'ennemi de la réussite, il provoque des blocages. Il est un des obstacles majeurs au succès. Cela est vrai d'une façon générale, mais cela se révèle particulièrement redoutable dans le domaine de la parapsychologie.

Si les pensées négatives sont destructrices, les pensées positives peuvent littéralement accomplir des miracles. En astrologie, la planète de la chance est Jupiter, mais c'est d'abord et avant tout la planète de l'optimisme. Les «jupitériens» (les gens marqués par Jupiter à la naissance) sont en général convaincus de leur bonne étoile, et les événements leur donnent raison. Ils leur donnent raison parce que leurs pensées sont positives.

Vous devez donc remplacer le doute, pensée négative et destructrice par la foi, pensée positive et constructrice. Or, il est inévitable d'avoir des moments de scepticisme et bien difficile d'avoir la foi en soi. Sinon nous ferions tous des exploits à tout instant. Ne dit-on pas que la foi soulève les montagnes ?

Pour que vous ayez foi en votre réussite dans le domaine de la voyance, il faut deux conditions :

- Que vous soyez convaincus de l'existence de ce phénomène. C'est bien sûr le minimum.
- Que vous tourniez votre esprit en profondeur vers la foi en vos propres capacités.

Tourner sa pensée vers la réussite est plus facile à dire qu'à faire. Nous allons vous donner une clef pour acquérir cette pensée positive que l'on ne peut obtenir par la volonté. Ce que l'on appelle **volonté** en Occident n'est qu'un *acte de crispation,* un acte de lutte contre nous-même, c'est-à-dire contre nos doutes et nos préjugés.

En voici l'illustration: la volonté, c'est par exemple se forcer à ne pas manger lorsqu'on a faim, pour maigrir. Or, si vous brimez votre corps de cette façon, eh bien, à un moment ou à un autre, *le corps va se révolter* et comme un ressort comprimé, il se détendra avec la plus grande violence. À ce moment-là, *vous perdrez tout le fruit de vos efforts* et mangerez quatre fois plus qu'avant. *Or, il ne s'agit pas de lutter contre vous-même, mais de remplacer la volonté par le vouloir...* Le **vouloir** est *une harmonisation des désirs et de l'être.* Dans le vouloir, le corps n'a réellement plus envie de manger car il s'est mis en harmonie avec le but souhaité.

L'exercice que nous vous présentons est un exercice très simple, mais d'une efficacité remarquable, absolument gigantesque, s'il est correctement accompli. Dans cet exercice, votre subconscient va prendre le relais de votre conscience, et la foi en vos possibilités se développera toute seule. *Quelque chose s'harmonisera peu à peu à votre insu.* Le seul petit effort à fournir sera celui de l'exercice.

EXERCICE

Rendez-vous dans votre lieu d'isolation et installez-vous comme d'habitude. Fermez les yeux et respirez trois fois profondément.

- **Écoutez les sons :** les bruits les plus lointains jusqu'à l'horizon. Les bruits de votre quartier, ou de la campagne proche. Les bruits de votre lieu d'isolation. Les bruits de votre corps.
- Visualisez la pièce où vous vous trouvez.
- Puis, visualisez votre corps sur votre matelas, comme s'il était un paquet dont vous vous débarrasseriez.
- Relâchez les tensions musculaires de tout votre corps, les unes après les autres au rythme qui vous convient. (En effet, arrivé à ce stade, vous avez acquis un rythme qui vous est propre.)
- En même temps que vous relâchez les tensions, sentez la réponse de chaque partie de votre corps.
- Relâchez bien tous les muscles et les articulations.

- **Terminez par l'intérieur de votre crâne :** sentez votre masse cérébrale se détendre, sentez-la se détendre. Sentez-la bien.
- Vous êtes bien, très très bien, complètement détendu.
- Écoutez votre respiration quelques instants.

Vous êtes maintenant dans un état particulier. Votre subconsient est prêt à recevoir un ordre mental qu'il accomplira fidèlement, irrévocablement, selon l'orientation que votre mental va lui donner.

Attention - Vous ne devez introduire aucun doute dans ce que vous allez penser et prononcer mentalement. C'est pourquoi n'allez pas pour l'instant au-delà de ce qu'il vous est possible de croire raisonnablement.

Prononcez mentalement (3)

« Je suis sur le chemin de la perception extra sensorielle. Peu à peu mon esprit va s'ouvrir, la nature va s'en charger. Je n'y suis pour rien. »

Prononcez-le avec conviction en comprenant ce que vous dites. Mais ne prononcez pas par exemple *« je suis le plus grand voyant de tous les temps »*. Votre raison ne pourrait y adhérer, tout au moins pour l'instant. Mais même si votre raison pouvait y adhérer, nous ne vous le conseillons pas non plus pour l'avenir, car cela serait très mauvais pour votre ego. Et l'enflure de l'ego est un obstacle à la perception. Vous n'aurez d'ailleurs aucune raison de vous enorgueillir lorsque vous commencerez à avoir des «clichés» de voyance.

Vous n'êtes pas responsable de votre capacité à marcher et à courir. C'est votre corps, c'est la nature. Vous n'y êtes franchement pour rien.

En voyance, c'est exactement la même chose : *vous n'y êtes pour rien, c'est la nature qui agit à travers vous.*

Tout ce que vous avez à faire, c'est de permettre à la nature d'agir ou si vous le préférez à «ce» *(vous mettez ce que vous voulez sous ce «ce»)* qui agit à travers nous.

---

(3) Ce genre de résolution que vous formulez mentalement, est appelée par les yogis le ***SANKALPA.***

Cette formulation mentale que vous vous êtes donnée, vous devez, dès qu'elle a été bien formulée, vous en décharger. Ce qui signifie que, dès que votre formulation est faite, vous devez placer ailleurs votre attention :

- Confiez-la au Cosmos, au Grand Tout, ou à vous-même.
- Placez sans attendre votre attention à nouveau sur votre respiration.
- Écoutez votre respiration en comptant de 1 à 30 et de 30 à 1.
- Puis écoutez avec votre attention, en ne pensant à rien, mais en étant très attentif à ce qui peut surgir du vide. Restez ainsi quelques instants.
- Relâchez votre attention.
- Étirez-vous.
- Respirez.
- Relevez-vous, en prenant votre temps.

LEÇON 6

VOTRE CORPS EST TÉLÉPATHE

DANS la précédente leçon, nous avons mis l'accent sur la nécessité de développer la foi en votre propre réussite. Dans celle-ci, nous allons vous donner des raisons de croire à la voyance, en vous donnant les preuves des étonnantes possibilités de notre corps à tous. Notre corps est télépathe, avons-nous déjà dit, maintenant nous allons vous le prouver. Aussi, il ne s'agira plus pour vous de croire, mais de savoir.

Nous allons vous parler d'expériences authentiques démontrant que notre corps est télépathe que nous le sachions ou non, que nous le voulions ou non. Quelque chose en nous se passe à chaque instant, nous n'en savons rien et nous n'y sommes pour rien.

Les expériences du ***Dr Bessuges*** démontrent que notre corps est doué d'ESP. L'appareil à détecter le mensonge détecte la télépathie du corps humain. Le Docteur Bessuges, neuropsychiatre, a eu l'idée de tester les facultés du corps humain de la façon suivante : on fixe sur les paumes des mains d'un sujet, un homme ou une femme, des électrodes destinées à enregistrer la résistance électrique de la peau. Celle-ci varie en fonction de l'émotion (consciente ou non). Ces électrodes sont reliées à un appareil qui va enregistrer ces variations. L'ensemble de cet appareil s'appelle un «électro-dermographe». Mais il est plus connu sous le nom de «détecteur de mensonges». Cet appareil se compose essentiellement d'un galvanomètre relié à un circuit électrique appelé pont de Wheastone. Ce pont équilibre la résistance de façon à ce que l'énergie potentielle du corps humain puisse être mesurée alors qu'elle fluctue sous l'effet de la pensée ou des émotions. Cette réaction se nomme réflexe psychogalvanique de la peau (RPG).

En bref, une émotion consciente ou inconsciente provoque un violent sursaut de l'aiguille sur le papier qui enregistre un pic sur le graphique. Cet appareil avait été inventé aux USA par la C.I.A. pour détecter le mensonge chez les suspects. En leur posant une liste de questions, lorsque celles-ci les troublaient, indiquant par-là qu'ils n'avaient pas la conscience tranquille, on enregistrait un pic de l'aiguille du polygraphe (4) sur le papier. Le docteur Bessuges eut donc l'idée de voir si l'on pouvait, avec cet appareil, détecter une réaction télépathique du corps, sans que le sujet en ait conscience, c'est-à-dire même s'il n'était pas télépathe à proprement parler.

---

(4) Le polygraphe est un électro-dermographe perfectionné. Il enregistre en même temps que la RPG (réaction psychogalvanique de la peau) d'autres données.

Expérience de télépathie réalisée au Commissariat de l'énergie atomique. Marie Delclos, sujet récepteur, est reliée à l'électrodermographe du Dr Bessuges. Jean-Luc Caradeau était le sujet émetteur.

Voici comment se passe l'expérience :
Le docteur prépare deux listes identiques d'instruments qu'il utilise journellement, ainsi que ses collaborateurs, dans son travail (crayons, ciseaux, etc.). Le nom de chaque instrument est noté sur une carte, laquelle est enfermée dans une enveloppe scellée. Le Dr Bessuges et son collaborateur conviennent d'un rendez-vous télépathique à un top horaire précis durant le week-end.

À l'heure dite, le collaborateur du médecin choisit une enveloppe au hasard, l'ouvre et lit le nom de l'objet inscrit sur la carte. Au même moment, à plusieurs kilomètres de là, le Dr Bessuges, qui ignore l'objet choisi par son collaborateur, lit la liste des noms, contenus dans les enveloppes, au sujet que l'on veut tester et qui est relié au «détecteur de mensonges». À l'instant où il prononce l'un des noms contenus dans les enveloppes, on constate que le graphique enregistré par le détecteur de mensonges trace un «pic émotionnel». On note alors le nom qui a déclenché ce pic (sans que le sujet en ait eu conscience) et l'on prend contact téléphonique avec le collaborateur du Dr Bessuges pour vérifier le résultat. Le pic émotionnel enregistré sur le détecteur de mensonges indique le nom tiré au hasard par le collaborateur. L'expérience répétée un grand nombre de fois aboutit à des résultats semblables. Mais le sujet n'a jamais deviné l'objet, *seul son corps en quelque sorte le devinait.*

Le Dr Bessuges vérifie ses graphismes.

CONCLUSION DE CES EXPÉRIENCES:

Notre corps est télépathie, mais notre conscience ne reçoit pas le message. C'est la raison pour laquelle il faut apprendre à écouter son corps. Nous devons nous brancher sur nous-même pour savoir ce qui se passe en nous. Notre corps –*appelons-le comme cela pour l'instant*– capte des messages et nous n'en savons rien. La difficulté est que le nombre de messages transmis est énorme. Notre corps doit faire un tri avant de les faire parvenir à notre conscience. Il doit faire ce tri en fonction des nécessités de sa survie. Il y a d'abord les messages que les cinq sens connus lui transmettent directement. Ce sont ces messages qui vont frapper le plus fortement notre cerveau et accaparer toute son attention. Il ne sera plus disponible pour écouter d'autres messages.

Car, on vous l'a dit précédemment, *l'attention ne peut se diriger sur deux choses à la fois.*

Vous pouvez parfois en avoir l'impresssion, mais ce n'est qu'une illusion. En réalité, il ne peut s'agir que d'un va et vient très rapide de l'attention. Vous croyez par exemple que vous pouvez travailler en écoutant de la musique. Mais en réalité, vous n'écoutez pas vraiment la musique. Elle est là en fond sonore.

Écouter vraiment de la musique, c'est suivre chaque note de la mélodie avec son attention. C'est la jouer intérieurement dans sa tête au fur et à mesure. Or, si vous voulez l'écouter de cette façon, vous ne pouvez fixer votre attention sur autre chose.

Dans la voyance, c'est ainsi que vous devez être attentif aux clichés qui vont arriver.

On a éduqué votre attention à se diriger dans des directions bien précises vers des études scolaires, des travaux ménagers, des soins à donner à votre corps. Il vous faut traverser la rue sans vous faire écraser, conduire une voiture, répondre aux gens qui vous entourent avec cohérence, même si cela ne présente aucun intérêt pour votre personnalité réelle, vous tenir d'une certaine façon, bref, vous devez sans cesse faire attention à quelque chose dans le sens que l'on vous a appris.

Aussi, il va falloir commencer à modifier l'orientation de votre attention.

Mais à certains moments seulement. En effet, si au lieu d'écouter ce que l'on vous dit, vous cherchez par exemple à deviner quelque chose, vous aurez l'air absent ou bizarre, à moins de vous annoncer comme voyant et encore : vous finirez par faire peur ! Les gens n'aiment pas toujours que l'on devine leurs pensées.

Comme vous le voyez, dans la vie courante il n'est pas facile de s'entraîner à la voyance. De toute façon, vous ne pouvez pas sans cesse être en état second, puisque cela vous oblige à ne pas communiquer sur le plan ordinaire. Vous risqueriez d'être exclu de votre groupe et vous perdrez petit à petit le sens des réalités. Vous mettriez même votre vie en danger.

Pour toutes ces raisons, doué ou pas doué, il est nécessaire que vous vous ménagiez des moments de solitude. Dans le calme de votre lieu d'isolation, personne, d'une part, ne se souciera de vous et, d'autre part, vous pourrez diriger votre attention sans distraction.

C'est dans le calme et la solitude que l'on développe la voyance.

Les plus grands voyants de la planète se trouvent en Inde et parfois en Afrique. En Afrique, il s'agit toujours d'un Sage qui vit en retrait des autres dans une habitation isolée.

En Inde, il s'agit de gens qui ont pratiqué le yoga et qui ont fait de longues retraites.

En France, il y avait le curé d'Ars qui était un voyant extraordinaire.

Nous éliminerons la grande Fraya car si elle était chirologue et graphologue, elle n'était pas une pure médium.

Aussi revenons au curé d'Ars : les gens venaient le voir pour qu'il lise en eux les fautes qu'ils se reprochaient. Ainsi, ces malheureux qui n'osaient avouer leur fautes, pouvaient s'en libérer et repartaient soulagés car le curé d'Ars avait sondé jusqu'au fond de leur âme sans qu'ils aient eu besoin de parler. Or, le curé d'Ars priait dans la solitude et la prière ressemble fort à la méditation.

La méditation ne peut se faire qu'en faisant le vide en soi et en se coupant des messages habituels pour recevoir ce qui vient d'autres plans.

Il ne s'agit certes pas de se transformer définitivement en ermite, mais il y a un peu de cela... Il faut être ermite une heure par jour et en acquérir une certaine mentalité.

Le reste du temps, il faut garder les pieds sur terre car l'excès dans ce domaine est très dangereux. Vous pouvez par exemple avoir des hallucinations et les prendre pour des clichés de voyance.

En revanche, il faut se débarrasser sans pitié de ce qui ne sert à rien. Par exemple des relations qui vous font perdre votre temps, mais que vous n'avez pas le courage de faire cesser. Ne parlez pas pour ne rien dire, cessez les bavardages inutiles.

EXERCICES

- Méditez sur le fait que votre corps est télépathe et pensez à tous les messages qu'il reçoit de partout.
- Approfondissez l'exercice d'écoute du corps en inspiration bloquée.

LEÇON 7

LES ANIMAUX, LES PLANTES, LES CELLULES SONT TÉLÉPATHES

1) LES ANIMAUX

NOUS connaissons tous des histoires d'animaux télépathes ou voyants. On connaît l'histoire de ce chat maintes fois racontée, mais pour ceux qui ne la connaissent pas, la voici : il fut confié à des amis de ses maîtres qui partaient en voyage. Après trois semaines de vie paisible et une adaptation facile, le chat, tout à coup, se mit à cracher et à miauler. Puis, tous poils hérissés, il s'enfuit pour retrouver tout seul la maison de ses maîtres. On apprit plus tard qu'au moment où le chat manifestait sa crise d'angoisse, ses maîtres avaient été victimes d'un grave accident.

Mais les chiens aussi sont télépathes. J'ai vu un chien, que l'on m'avait confié, manifester soudain la plus vive agitation, alors qu'il dormait dans une pièce confortable de ma maison. Me tirant littéralement par le bas de ma robe, il m'entraîna hors de la maison jusqu'au fond du jardin, au pied d'un arbre, où mon chat, suspendu par son collier à une branche, était en train de s'étrangler. C'est grâce à ce chien, qui connaissait mon chat, que celui-ci fut sauvé.

Toutes ces histoires nous semblent relativement naturelles pour peu que nous ayons des animaux. Mais nous allons voir que l'on va en trouver d'aussi intéressantes avec les plantes.

2) Les plantes

Tout d'abord, les plantes sont sensibles. Certains amis des plantes affirment communiquer avec elles et ressentir après les avoir caressées, ou leur avoir parlé, un «retour» de sensation en remerciement. Les plantes en effet semblent bien manifester des sympathies ou des antipathies: certaines ouvrent leurs calices devant celui qui les soigne et les referment ostensiblement devant des visiteurs, que, pense-t-on, elles ressentent comme hostiles ou dangereux. Bon nombre de botanistes vous soutiendront qu'elles sont capables de bouder. Mais tout ceci n'est pas une preuve. Aussi, des expériences ont-elles été faites pour démontrer la réalité de l'émotivité chez une plante ainsi que l'existence de ses facultés extra sensorielles.

Les fantastiques expériences de *Cleve Backster* : nous vous avons parlé dans la leçon précédente de l'appareil à détecter le mensonge et de son utilisation pour détecter la télépathie du corps. *Backster,* qui était un spécialiste de la C.I.A., avait eu l'idée d'utiliser cet appareil avec des plantes. Il commença avec son dragonnier, plante tropicale à bouquets de petites fleurs et larges feuilles. Il brancha donc les électrodes de l'appareil sur les feuilles de son dragonnier, puis il étendit ses recherches à d'autres plantes, et découvrit toutes sortes de réactions chez elles.

- **Elles réagissent aux agressions :** par exemple, lorsque l'on coupe leurs feuilles ou lorsqu'on les brûle.
- **Elles réagissent aux menaces :** comme à l'apparition d'un animal dangereux pour elles, comme un chien ou une araignée. (Or, les plantes sont dépourvues d'organes des sens.)
- **Elles manifestent un pic émotionnel aux intentions d'agression :** Backster, imaginant de brûler une des feuilles de son dragonnier, vit monter brutalement l'aiguille du polygraphe avant d'avoir fait un seul geste.
- **Elles manifestent une «émotion» devant une personne dont le métier est de malmener les plantes.** Elles «s'évanouissent» (aucune réaction électrique) devant un visiteur dont la profession est d'incinérer les plantes à des fins d'analyse. Autrement dit, elles devinent que la personne tue des plantes.
- **Elles réagissent à distance aux blessures de leurs propriétaires, à ses émotions.** Bakster, après avoir relié une des ses plantes à un détecteur de mensonges ainsi qu'à un appareil notant l'heure au moment des pics émotionnels, constata que, alors qu'il était en voyage, chaque fois qu'il avait eu une émotion suffisamment forte pour lui donner des accélérations cardiaques notables, son dragonnier avait manifesté une émotion.

- **Elles manifestent également un pic émotionnel aux agressions commises sur d'autres animaux :** les plantes ne supportent pas que l'on fasse du mal aux animaux. **Elles réagissent télépathiquement** à l'agonie des crevettes que l'on plonge vivantes dans de l'eau bouillante, alors que ces agresssions ont lieu dans une autre pièce que celle où elles se trouvent.

3) LA PERCEPTION EXTRA SENSORIELLE AU NIVEAU CELLULAIRE

Devant toutes ces découvertes fascinantes, Backster tenta d'aller plus loin. Il se posa la question : la perception extra sensorielle existerait-elle également au niveau le plus élémentaire de la vie, c'est-à-dire au niveau cellulaire ? Il choisit alors comme «cobaye» un œuf cru (l'œuf est une très grosse cellule). Reliant son œuf à son polygraphe, il plongea un autre œuf dans l'eau bouillante et constata que l'œuf relié à l'appareil enregistrait la mort de l'œuf ébouillanté par un pic émotionnel (les plantes aussi évidemment réagirent à «l'assassinat» de l'œuf, mais est-il besoin de le mentionner.)

Mais le plus curieux est le résultat des expériences effectuées par Backster avec d'autres cellules bien particulières : les spermatozoïdes.

Ces expériences démontrèrent en effet que les spermatozoïdes (cellules qui font partie du corps de l'homme sauf durant le bref instant où ces cellules «sprintent» vers l'ovule) réagissent à la présence de leurs donneurs et restent sans réaction devant des étrangers.

Par exemple, ils réagissent aux agressions subies par leurs propriétaires. Backster, ayant relié de la semence fraîche à un polygraphe, constata une «émotion» de ces cellules lorsque l'on faisait respirer au «donneur» le contenu corrosif d'un flacon de nitrite d'amyle détériorant les cellules de sa muqueuse nasale. Ainsi, les spermatozoïdes gardent une sorte de contact télépathique avec leur donneur tout comme les chiens et les chats avec leurs maîtres.

On voit encore que les cellules sont en communication extra sensorielle avec des organismes multicellulaires comme les plantes ou les humains. Pourquoi dans ce cas s'étonner que l'être humain puisse communiquer de la même façon avec les cellules ou les groupes de cellules de son propre corps ?

Mais ce n'est pas tout ! Devant ces stupéfiants résultats, Backster poursuivit son enquête sur le vivant, attacha des électrodes à des amibes, des levures ou des cellules sanguines et obtint partout des résultats similaires. De fil en aiguille, après avoir parcouru toute la chaîne du vivant, il arriva à la conclusion suivante:

4) La matière même qui nous entoure est réceptrice aux besoins et aux émotions du vivant

Une expérience faite avec des chats et des cafards, et relatée par *Jacqueline Bosquet,* biologiste au CNRS, confirme cette conclusion. « On enferme un chat dans une pièce froide dans laquelle se trouve un radiateur relié à un générateur de hasard (c'est-à-dire un appareil qui va allumer ou éteindre le radiateur à des moments imprévisibles). **Or, lorsque le chat est dans la pièce, le radiateur s'allume plus souvent.** L'expérience a été renouvelée avec des cafards avec un résultat identique. »

Autrement dit, l'organisme des chats et des cafards a transmis un message à l'appareil électro-magnétique qui était relié au radiateur. Est-ce que le chat a voulu avoir chaud, ou bien est-ce que les cellules de son corps ont réagi par elles-mêmes ? Toujours est-il que le besoin du chat d'avoir plus chaud a agi sur un système électronique.

On sait que certaines personnes détraquent certains appareils électro-magnétiques. Mais a-t-on pensé que, pour que les appareils soient détraqués, il fallait qu'ils reçoivent le message envoyé à distance consciemment ou non par ces personnes ?

On sait que l'on peut faire de la voyance sur un lieu qui a gardé la mémoire des événements qui se sont passés, surtout si ces événements ont été porteurs d'émotions fortes. Or, si les lieux ne recevaient pas ces messages d'émotions (et ne les gardaient pas en mémoire), comment pourraient-ils les retransmettre au médium ? Nous vous demandons de méditer sur ces faits.

5) Conclusions

Si finalement les animaux, les plantes, les cellules vivantes et la matière sont doués de télépathie, on ne voit pas pourquoi l'homme serait le seul être qui serait dépourvu de ce don.

La perception extra sensorielle est donc un phénomène universel et présent partout à chaque instant.

Le problème, pour l'homme, c'est que c'est un ensemble complexe doué d'un cerveau qui sélectionne les informations au niveau conscient. Si son corps est bien télépathe, la difficulté est de relier la partie consciente de son cerveau à tous ces échanges de messages qui s'effectuent à son insu à travers son corps et les cellules de son corps. C'est pourquoi la première étape était d'apprendre à nous relier à notre corps.

Vous avez commencé à écouter votre corps : « *...connais-toi toi-même et tu connaîtras l'univers et les dieux* » disaient les anciens. Certes, vous êtes loin de connaître votre corps, qui est lui-même un univers à l'image de l'autre, le grand. Mais vous avez déjà commencé.

Le fait de savoir maintenant que les cellules sont capables de perception extra sensorielle nous permet de mieux comprendre que notre corps reçoit des messages que nous ne percevons pas consciemment. Ces explications devraient vous aider à acquérir la certitude de toutes les potentialités qui se trouvent en vous.

EXERCICES

Le moment est donc venu de commencer à regarder le monde d'une autre façon. Pensez que chaque partie, sans cesse, reçoit et émet des messages. Commencez à vous mettre à l'écoute de ces messages. L'entraînement de cette semaine dépendra de votre environnement. Il différera selon que vous habitez la ville ou la campagne, ou encore la mer ou la montagne.

1) SI VOUS HABITEZ LA VILLE, LE BÉTON

Vous avez à votre disposition vos animaux familiers, ceux que vous croisez dans la rue et vos plantes en pot. En mettant les choses au pire vous n'avez rien. Mais si vous êtes intéressé par la voyance, il y a des chances pour que vous aimiez les chats. Si toutefois un animal vous complique trop l'existence, rabattez-vous sur une plante en pot bien portante ou plutôt sur deux ou trois plantes en pot, car elles aiment la compagnie. *Réservez alors une demi-heure à une heure pour «communiquer» avec votre chat, chien, perroquet, ou plante en pot.*

- **Recueillez-vous, relaxez-vous et installez-vous confortablement en face de votre animal (de préférence au repos) ou de votre plante, et tâchez de communiquer avec ce nouveau partenaire.**
- **Comment ? Simplement en ne pensant à rien et en essayant de ressentir ce qui vient vers vous :** *sensation, émotion.* Au bout d'un certain temps, en retour, votre corps peut éprouver une envie, un besoin. Laissez-vous guider par lui et faites ce qu'il vous souffle.
- **Cela peut être :** donner à boire à votre plante où à votre animal, la ou le nettoyer, lui donner de l'ombre ou du soleil, ouvrir ou fermer la fenêtre, le ou la caresser, lui parler. Si votre corps ne vous souffle rien que de rester ainsi sans bouger, surtout ne faites rien. *Si simplement vous ressentez une harmonie, un plaisir, goûtez cette harmonie, ce plaisir.*

2) En plus des exercices ci-dessus si vous habitez au bord de la mer

- **Contemplez-la durant une demi-heure à une heure (ou plus si vous le désirez) jusqu'à ce que vous ayez l'impression de ne faire plus qu'un avec elle.**

- Installez-vous à la pointe d'un rocher s'avançant dans l'eau. Détendez-vous. Savourez cet instant qui vous met en présence d'une telle beauté. Regardez l'eau (sans accomoder votre vue) et sentez-la «pénétrer» en quelque sorte par vos yeux comme si elle s'avançait vers vous et en même temps comme si vous alliez à elle. Videz votre esprit, éliminez toute influence de votre personnalité qui va ainsi progressivement s'effacer. Écoutez le bruit de la mer, laissez-le vous imprégner complètement. Sentez en vous le rythme de la houle, elle ressemble à une grande respiration. Respirez avec la mer, devenez progressivement la mer. Alors, il se pourrait que vous perdiez conscience, ou que vous basculiez dans un état étrange, ou que vous soyez submergé par un sentiment d'intense liberté. *Lorsque vous reviendrez à vous-même, vous comprendrez que votre conscience s'est élargie, vous sentirez que vous avez été en communication secrète avec l'univers.*

3) Si vous habitez la campagne

- **Vous allez faire le même genre d'exercice avec un arbre. Choisissez votre arbre. Il doit vous attirer de préférence à un autre.**
- Faites cette expérience avec un arbre en plein épanouissement. Il ne s'agit pas de débuter ce genre d'expérience en hiver, avec un arbre qui vit au ralenti et qui n'a plus ses feuilles. Si vous habitez dans une région équatoriale, vous n'aurez évidemment pas ce genre de problème.
- Couchez-vous sur une couverture au pied de «votre» arbre.

- Regardez-le, regardez la masse verte de ses feuilles, sentez tout ce vert rafraîchissant entrer dans vos yeux et emplir votre corps. Sentez couler en vous la sève de cet arbre, sentez ses racines s'enfoncer dans la terre, sentez votre tronc comme si c'était celui d'un arbre. Devenez peu à peu cet arbre, sentez que vous ne faites qu'un avec lui. Prenez tout votre temps. Recommencez cet exercice et vous sentirez que peu à peu que cet arbre deviendra comme un ami.

Faites un de ces exercices lorsque vous en aurez envie. Ne forcez pas, il faut que vous y preniez plaisir.

DEUXIÈME PARTIE

PRENDRE CONSCIENCE DES CORPS SUBTILS

STIMULER LES ZONES SPÉCIFIQUES DU CERVEAU

FAIRE APPARAÎTRE LES CLICHÉS À L'AIDE DES SUPPORTS

LEÇON 8

NOTRE CORPS, UN MONDE VIBRATOIRE.

LES CHAKRAS

1) LE MONDE PEUT SE RÉDUIRE À DES « CHAMPS » D'ÉNERGIE

L'ESSENCE de l'univers, disent les sages de l'Inde, est de nature spirituelle. Aujourd'hui, les prix nobel de physique disent exactement la même chose. « *L'essence de l'univers est de nature spirituelle. Cet univers n'est que l'envers multiforme d'un endroit unique et fondamental qui en est la base.* »

Autrement dit, la réalité n'est pas ce qui est optiquement visible. Songez, en effet, à ce qui compose notre corps, à ce qui compose les objets qui nous entourent, les objets les plus familiers.

Tout objet (nous sommes des objets) est formé de molécules animées de 8 000 pulsations par seconde. Mais si nous allons plus profondément au cœur de la matière qui nous compose, nous allons trouver les atomes qui composent les molécules. Ces atomes possèdent des couronnes d'électrons qui tournent autour du noyau à raison de 200 000 à 6 millions de milliards de tours par seconde ! Nous nous trouvons en face d'une intensité prodigieuse de mouvements et de vie. Mais ce n'est pas tout : descendons maintenant au cœur de l'atome. Le spectacle est alors dantesque, car il n'y a plus alors devant nous qu'une danse, la danse frénétique des particules qui le composent : des protons qui se transforment en neutrons qui se transforment en protons un milliard de milliards de fois par seconde.

Enfin, au-delà de ces particules, nous trouvons d'après nos physiciens, ce qu'ils nomment « l'océan de la proto matière » ou encore « des champs », c'est-à-dire de l'énergie pure.

Pour bien comprendre ce qu'est un champ, il suffit de penser à l'expérience que l'on peut faire avec de la limaille de fer. Plaçons-la devant un aimant et regardons la limaille se précipiter vers l'aimant. Elle se précipite vers l'aimant en vertu d'un « champ ».

Il y a d'autres « champs » d'énergie. Il y a ceux qui permettent aux électrons de ne pas quitter leurs orbites autour des noyaux atomiques. Or, notons qu'il y a proportionnellement la même distance entre le noyau atomique et les électrons qui tournent autour qu'entre le Soleil et les planètes. De même, il y a le champ d'énergie qui relie les planètes au Soleil, le champ d'énergie qui relie le Soleil aux autre étoiles de la galaxie.

Qu'on leur donne des noms ne change rien à l'affaire. Au niveau du système solaire, on dit qu'il s'agit de la force de gravitation qui s'équilibre avec les forces centrifuges dues aux mouvement de rotation des corps en mouvement. D'autant qu'à l'heure actuelle, la force de gravitation reste toujours un mystère. Elle fait partie des champs d'énergie qui relient tous les points de l'univers.

Or, ce sont ces champs que les physiciens considèrent aujourd'hui comme vraiment réels et substantiels, tandis qu'ils considèrent que la matière que nous percevons ne l'est pas !

Ainsi, la science contemporaine renverse la réalité. Elle rejoint alors l'enseignement des anciens Sages de l'Inde, puisque ceux-ci disaient que l'univers que nous percevons n'est qu'illusion ou *maya*.

Plus les physiciens s'approchent du cœur de la matière, plus ils se rendent compte, ainsi que le disaient les grands mystiques, que l'univers matériel n'est qu'une simple ride à la surface d'un océan d'énergie.

2) Nous-mêmes, nous ne sommes en définitive que des nuages de particules dansantes ou des champs énergétiques

Nos corps, évidemment, ne peuvent échapper à cette étrange nature. Nous ne sommes finalement que des nuages de particules, ou plutôt des champs énergétiques, ou encore des champs de forces.

Le reste n'est qu'illusion de nos cinq sens.

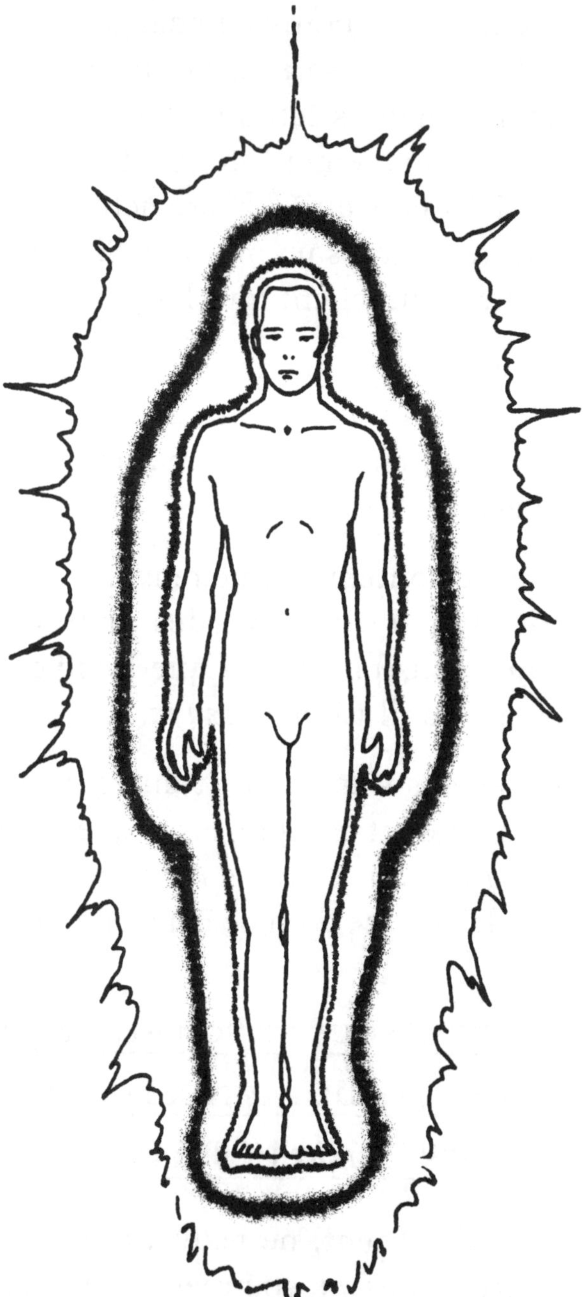

L'aura est la frange des tourbillons d'énergie qui nous composent.

3) L'AURA S'EXPLIQUE DE CETTE FAÇON

L'aura, sorte de halo qui entoure le corps de chaque être, est une frange à la limite du subtil et du matériel de ce champ local où bouillonnent les particules qui nous constituent. Certains médiums ou mystiques peuvent voir la totalité du corps subtil.

4) LES CHAKRAS SONT DES LOCALISATIONS D'ÉNERGIE À L'INTÉRIEUR DE CE CHAMP LOCAL QUI EST LA BASE INVISIBLE À NOS YEUX DE NOTRE INDIVIDUALITÉ

Disons qu'ils font partie de la structure du corps subtil ou énergétique.

5) ALLONS ENCORE PLUS LOIN

L'Univers n'étant en fin de compte qu'un champ de conscience pure se situant au-delà de l'espace et du temps, nous ne sommes en quelque sorte que des points de cette conscience à laquelle nous sommes reliés. Par la concentration de notre conscience, nous pouvons nous relier et communiquer avec n'importe quel autre point de l'univers. Mais comment ? C'est en écartant légèrement les voiles qui masquent cette réalité que nous pouvons accéder à la perception extra sensorielle. Parce que que justement cette perception est au-delà de nos cinq sens. Elle se situe à un niveau bien particulier, à la frontière de la réalité matérielle et de la réalité spirituelle. Le voyant est un médium parce qu'il se situe entre deux mondes. Médium signifie milieu, car le médium est entre deux mondes. Il est au milieu. On dit qu'il communique avec les esprits. Disons plutôt qu'il place sa conscience sur un plan subtil, spirituel.

EXERCICES
Sentir les différents niveaux de l'être

Nous avons vu qu'au fur et à mesure que l'on plongeait au cœur de la matière, celle-ci devenait de plus en plus subtile. De même, le corps de chaque être possède différents niveaux de réalité, que les Anciens nommaient nos différents «corps» ou nos «enveloppes».

Voici trois exercices destinés à prendre conscience de ces différents corps. Ils sont importants car ils vont vous faire pénétrer plus avant dans le monde du subtil au-delà des sens habituels. Le premier portera sur le corps «fluidique», le second sur le corps «éthérique» et le troisième sur le corps «astral». Ces différentes appellations sont essentiellement des analogies. Il ne faut pas les prendre au pied de la lettre. D'autre part, il faut savoir que la perception de ces trois niveaux (découpage classique) est suffisante pour le but que vous recherchez avec cet ouvrage, mais qu'en réalité il y a d'autres niveaux. Il existe un autre découpage également classique en sept niveaux.

EXERCICE N° 1 : percevoir le corps fluidique

Si vous avez bien exécuté les exercices précédents, votre corps a dû déjà vous donner beaucoup de réponses. Vous avez dû sentir vos os, vos muscles, vos organes internes. Maintenant, il s'agit de prendre conscience de la fluidité liquide de votre corps qui est, comme chacun sait (ou devrait savoir), composé de 80 % d'eau. Mais bien sûr, cela ne se voit pas, nous n'avons pas l'impression d'être un liquide. Cette eau est un support récepteur des messages subtils. Le but de cet exercice est d'apprendre à sentir ce support liquide jusqu'à la limite du corps éthérique.

- Allongez-vous et dénouez les tensions musculaires, psychiques et mentales.
- Portez votre attention sur le sang qui coule dans vos veines et vos artères qui se ramifient dans les artérioles et les veinules afin d'irriguer les plus infimes parties de votre corps. Pensez que ce sang constitue un incroyable réseau liquide qui circule dans tout votre corps.
- Sentez votre sang pulser dans les artères de votre cou, et, à partir de là, sentez le sang couler dans tout votre corps, puis se mêler au liquide intersticiel dans lequel baignent toutes vos cellules, elles-mêmes gorgées d'eau. Sentez votre corps devenir progressivement liquide, uniquement liquide. Intensifiez votre attention sur ce corps liquide, sentez-le devenir comme une flaque qui s'étale.

Il n'est pas nécessaire de réussir cet exercice du premier coup. Le principal est d'essayer. Même sentir juste une petite partie du corps liquide est important.

EXERCICE N° 2 : percevoir le corps éthérique

Si vous avez réussi jusqu'au bout le premier exercice, et senti votre corps commencer à s'étaler au-delà de ses frontières matérielles habituelles, alors vous êtes déjà passé du corps fluidique au corps éthérique qui est beaucoup plus vaste que votre corps matériel grossier. Repartez donc de l'exercice précédent et continuez sans vous arrêter en sentant jusqu'où semble s'étendre votre corps. Ensuite, essayez de refaire cet exercice directement sans passer par le corps liquide (si vous n'avez pas obtenu de résultat avec le premier, vous pouvez également essayer le deuxième).

- Imaginez que votre corps s'étend loin, très très loin, le plus loin possible, et sentez-le s'étaler. Une fois cet exercice assimilé, il sera intéressant de le faire dans un lieu public.
- Installez-vous par exemple sur un banc dans un jardin public, et imaginez que votre corps s'étend jusqu'à telle personne installée sur un autre banc dix mètres plus loin. Mais auparavant, vous aurez pris votre repère sur cette personne, c'est-à-dire que vous aurez décidé que cette personne sera le but à atteindre par votre corps subtil. Puis fermez les yeux. Si l'exercice est réussi, vous devez sentir très nettement le contact. Mieux encore, la personne visée peut aussi le sentir inconsciemment : dans ce cas, au moment où vous sentirez le contact, la personne visée tournera la tête ou les yeux, semblant chercher quelque chose.

EXERCICE N° 3 : percevoir le corps astral

Il se fait à part. Installez-vous dans votre lieu d'isolation. Dénouez les tensions, et sentez les différentes parties du corps. Lorsque le corps répond bien, placez votre attention sur vos orbites. Sentez uniquement le creux des orbites jusqu'à ce que vous ayez l'impression qu'ils deviennent vides. Sentez-les se creuser de plus, en plus et étendez ce vide dans votre corps. Le corps peut alors sembler se transformer d'un seul coup comme s'il devenait un immense vide peuplé d'étoiles.

Cet exercice est le plus difficile. Aussi, il ne faut pas s'impatienter ou s'inquiéter s'il n'est pas réussi. Le principal est de s'y entraîner.

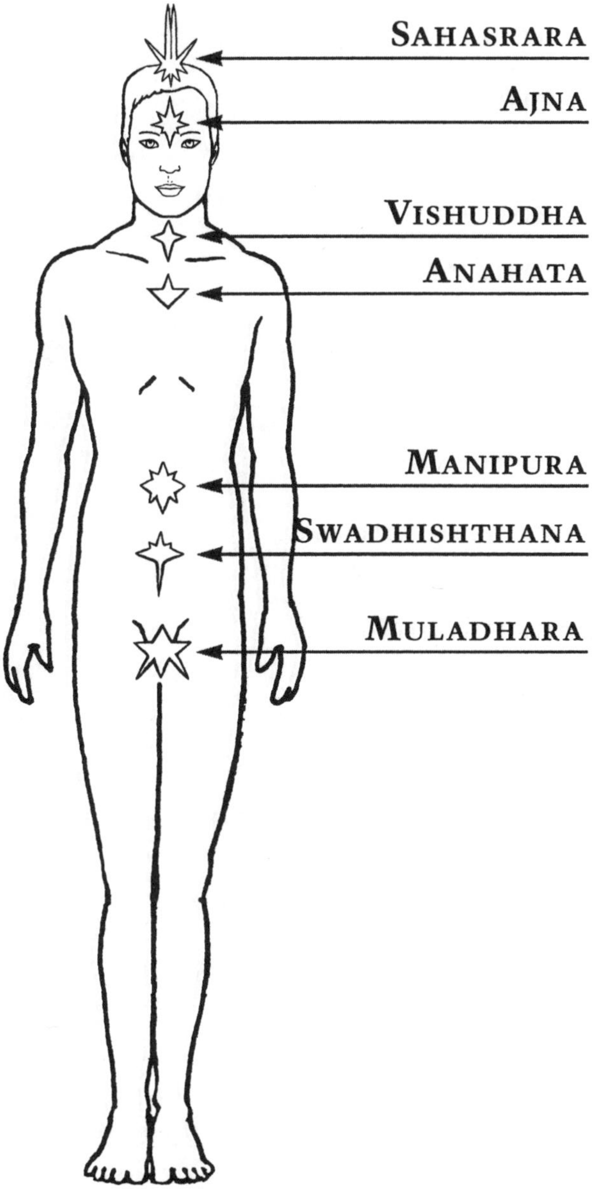

Les sept principaux chakras.

LEÇON 9

PRÉPARATION À L'OUVERTURE DU CHAKRA, DIT DU TROISIÈME ŒIL

Vous avez sans doute entendu parler des chakras, sinon voici ce qu'est la théorie des chakras. Chakra est un terme sanskrit qui signifie roue. Les chakras, en effet, sont des centres énergétiques qui se trouvent en nous et qui sont représentés sous la forme de roues.

1) On distingue sept chakras principaux

- **Muladhara chakra :** c'est le chakra racine, il se situe à hauteur du périnée.
- **Svadhisthana chakra :** il se situe un peu au-dessus du premier à hauteur du coccyx.

- **Manipura chakra :** il se situe à hauteur du nombril.
- **Anahata chakra :** il se situe au niveau du cœur.
- **Visuddha chakra :** il se situe à hauteur de la gorge.
- **Ajna ou Agya chakra :** il se situe entre les deux sourcils.
- **Sahasrara chakra :** il se situe au-dessus de la tête.

EN RÉALITÉ, LES CHAKRAS SONT SITUÉS DERRIÈRE LA COLONNE VERTÉBRALE

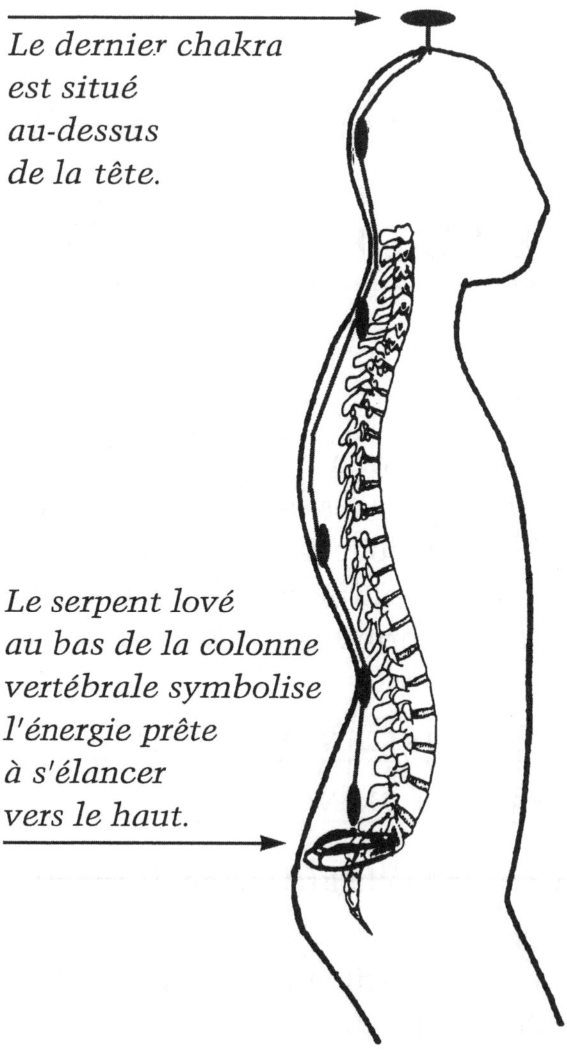

Les différents chakras se trouvent en réalité le long de la colonne vertébrale, c'est-à-dire dans le dos. Mais leurs projections se trouvent là où nous vous les avons indiquées. Et c'est ainsi qu'on les localise ordinairement, car pour les mettre en action, on part des points qui sont situés devant le nombril, le cœur, la gorge, etc.

2) Ces chakras sont reliés entre eux par des canaux appelés «nadis»

On distingue en général trois canaux principaux le long de la colonne vertébrale.

a) Deux canaux disposés de part et d'autre de la moelle épinière Ida et Pingala.

- Ida est le canal gauche, lunaire. Il est froid.
- Pingala est le canal droit, solaire. Il est chaud.

b) Au milieu, le nadi central appelé Shushumnâ. C'est le principal.

- **Mais en réalité, il y a bien d'autres canaux :** 72 000, disent les Hindous, mais il s'agit d'un nombre symbolique. D'autre part, il ne s'agit pas de canaux au sens physique du mot ; il s'agit de canaux subtils qui véhiculent des énergies subtiles. Ils ont toutefois des correspondances dans le système nerveux. Par exemple, Ida et Pingala correspondent aux chaînes nerveuses gauche et droite sympathiques, mais ils ne sont pas ces chaînes.

3) La Kundalini

Dans Muladhara chakra, est situé, dit la Tradition, un serpent lové, qui un jour peut se dérouler et monter le long d'un des canaux jusqu'à Sahasrara chakra.

Ce serpent d'énergie s'appelle la kundalini. Lorsqu'il s'élève convenablement, il peut conduire à l'illumination. Au fur et à mesure qu'il perce les chakras en montant, il fait tourner ces centres comme des roues. Il les éveille. Muladhara chakra est le chakra inférieur le plus matériel : il représente l'élément Terre à l'état statique. Quand la kundalini s'éveille, la terre se transmute en eau. Quand la Kundalini arrive dans Manipura Chakra (chakra du nombril) qui est un chakra de feu, l'eau se dissoud dans le feu. Dans Anahata chakra (chakra du cœur), chakra d'air, le feu disparaît dans l'air. Dans Vishuddha chakra (chakra de la gorge), chakra d'espace, l'air est résorbé dans l'espace ou akasha.

4) Dans Ajna chakra se trouve la déesse du temps et de la mort. C'est le chakra de l'esprit.

Aussi, lorsque Ajna chakra est activé, les pouvoirs extra sensoriels se développent. On arrive dans les plans les plus subtils. Le temps n'existe plus, c'est la raison pour laquelle on peut «voir» dans le futur.

On n'est nullement obligé pour éveiller la kundalini de partir de Muladhara. Suivant les écoles, le point de départ diffère :

- Dans le tantrisme sexuel, on part de Muladhara.
- Dans la plupart des arts martiaux, on part de Manipura (centre qui correspond au hara des Japonais).

On peut très bien, de la même façon, amorcer l'éveil de la Kundalini en commençant par Ajna chakra. Cela convient aux êtres dotés d'une grande sensibilité. Ce qui est probablement votre cas, sinon vous n'auriez pas acheté ce livre.

L'éveil progressif de ce chakra, sans avoir auparavant travaillé les autres chakras, ne comporte donc aucun inconvénient. Au contraire, si par la suite vous désirez étudier le yoga de la Kundalini, le travail sur Ajna chakra ne pourra que vous être fort utile. Ici, il ne s'agit pas d'un cours pour éveiller la kundalini. Mais les exercices sur ce chakra, qui sont destinés à éveiller la perception extra sensorielle, peuvent servir d'introduction au yoga de la kundalini.

Ajna chakra vous ouvre les plans astraux, il vous fait pénétrer dans le monde du subtil. Ce chakra est en général représenté par un œil vertical placé entre les sourcils.

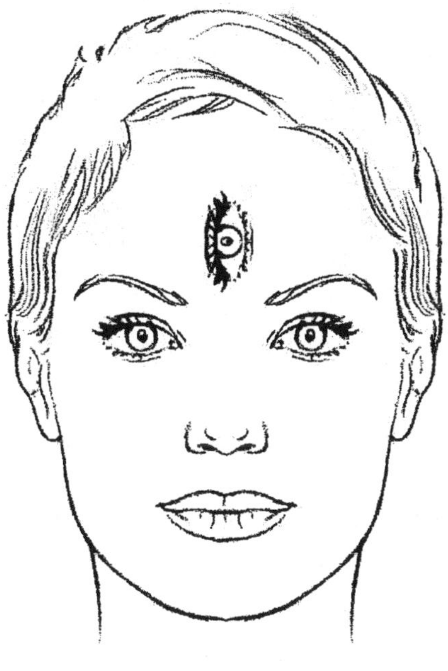

Ajna Chakra,
Le Chakra
du Troisième œil.

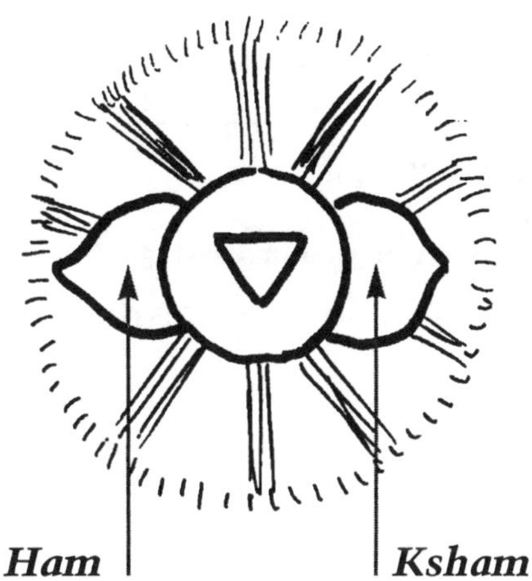

Dans les traités de Yoga,
il est représenté par un
Lotus à deux pétales.
Sur un pétale est écrit
le son Ham, sur l'autre
le son Ksham.

La médiumnité ne confère pas obligatoirement l'initiation, c'est-à-dire la pénétration directe sur les plans de la Connaissance, mais elle peut être un début d'acheminement vers elle.

Elle est une porte vers les régions inaccessibles aux sens ordinaires humains et apporte la première révélation de l'au-delà. Tous les grands initiés étaient médiums, bien qu'ils ne considéraient pas leur médiumnité comme quelque chose d'important en soi, mais comme une manifestation de leur progression.

L'exercice que nous vous donnons ce mois-ci est une méthode douce qui prépare à des exercices plus difficiles ou demandant une concentration plus grande.

Il ne faut jamais oublier que la médiumnité use les fluides psychiques comme les forces nerveuses. On ne doit donc jamais aller jusqu'à la limite de ses réserves nerveuses.

Un exercice régulier en douceur vaut mille fois mieux que des séances prolongées irrégulières.

EXERCICE

Cet exercice, tout comme les précédents, enlève les tensions nerveuses et mentales, mais il prépare en même temps l'ouverture du Chakra dit du «troisième œil».

Installez-vous comme d'habitude et faites une brève rotation de conscience pour vous relaxer. Puis gardez la position de Yoga Nidra, yeux fermés, et faites l'exercice proprement dit.

1) VISUALISEZ UN LIEU QUE VOUS AIMEZ PARTICULIÈREMENT

• Ce lieu doit se rattacher autant que possible à des moments de calme, ou de méditation, de sérénité ou de beauté. Il peut être soit une pièce où vous avez vécu des moments de paix, soit une église, soit un temple ou bien encore n'importe quel endroit qui vous a frappé par sa beauté, sa grandeur ou sa sérénité. Vous devez vous imaginer seul dans ce lieu.

• Il est souhaitable en effet que le lieu que vous allez visualiser possède *une ouverture sur l'extérieur, de préférence en hauteur,* comme une fenêtre.

• Votre visualisation doit d'abord faire appel à votre mémoire. De même que vous faites appel à votre mémoire pour visualiser votre lieu d'isolation avant de commencer la rotation de conscience dans votre corps.

• Votre visualisation doit de plus faire appel aux cinq sens. Il faut vous souvenir de la température du lieu, de son odeur, de son silence et de ses bruits, de son image. Commencez par sentir l'atmosphère du lieu, en vous laissant progressivement envahir par les différentes sensations qu'il vous évoque.

Commencez par la sensation qui vous est le plus facile à évoquer. L'odeur par exemple. Sentez l'odeur de la pierre s'il s'agit d'une église ou d'un temple, l'odeur des murs, de l'air ambiant ou des fleurs dont les effluves peuvent entrer par la fenêtre.

Faites appel successivement aux sensations suivantes :

- Sentez la température de l'air sur les parties dénudées de votre corps, sur votre visage, sur vos mains.
- Écoutez les sons étouffés du lointain qui s'infiltrent jusque-là. Puis les sons ténus de l'endroit lui-même. Son silence.
- Puis visualisez tout le lieu dans les moindres détails en commençant par la partie opposée à la fenêtre pour terminer par la visualisation de cette fenêtre.

Ne vous déconcentrez pas un seul instant. Voyez les murs dans tous ses détails, le grain de la pierre ou du papier qui éventuellement recouvre les murs, les statues s'il y en a. Ne négligez aucun mur, aucun recoin. Voyez le plafond, ce qui y est suspendu, le sol, le dallage ou les tapis, les irrégularités du sol.

Ne négligez rien. *L'endroit que vous visualisez doit être dans la pénombre.*

Aucune lumière violente ne doit se signaler à votre regard. Seule une lumière diffuse qui vous permet de reconstituer ce lieu.

Peu à peu, au fil des jours, certains détails oubliés se placeront d'eux-mêmes dans le puzzle que vous aurez patiemment construit.

2) Arrivé à la fenêtre, voyez le ciel

S'il y a des nuages, chassez-les et passez à travers, ou bien encore dépassez-les jusqu'à ce que vous arriviez au bleu éclatant du ciel.

3) À partir de là, montez en spirale vers la lumière aveuglante du soleil

Montez, montez encore, encore, le plus haut possible, toujours en spirale jusqu'à ce que vous atteignez la lumière. La montée en spirale doit être relativement longue. *Au moins dix tours de spirale.* Mais n'exagérez pas non plus. Ne dépassez pas vingt. Et surtout, si vous avez mal aux yeux, arrêtez-vous.

4) Une fois dans cette lumière, laissez-vous baigner dans cet océan de lumière

Laissez-vous porter, laissez-vous porter... Ne pensez à rien, surtout ne pensez à rien. Restez ainsi autant de temps qu'il vous plaira. Prononcez votre sankalpa.

5) Revenez sur terre

Étirez-vous et respirez profondément. Ne vous relevez pas trop brusquement.

Cet exercice, en fait, non seulement stimule en balayant la zone d'Ajna, mais fait passer les énergies d'Ajna chakra à Sahasrara.

Voici pourquoi : En visualisant convenablement la montée en spirale le plus haut possible, vos yeux, sous vos paupières baissées, tournent ensemble, puis continuent à tourner en convergeant vers le haut, tendant à se diriger vers le sommet du crâne, stimulant donc au début Ajna puis Shasrara. Un autre effet de cet exercice est d'«assouplir» les muscles de vos yeux. Les globes oculaires deviennent ainsi plus mobiles. Ce qui est important pour la suite comme nous le verrons.

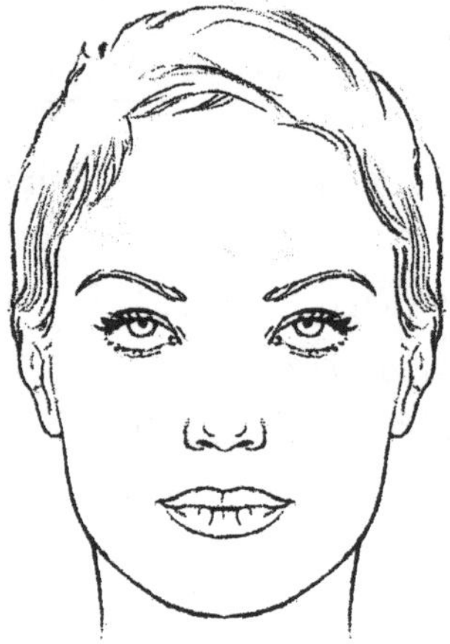

A

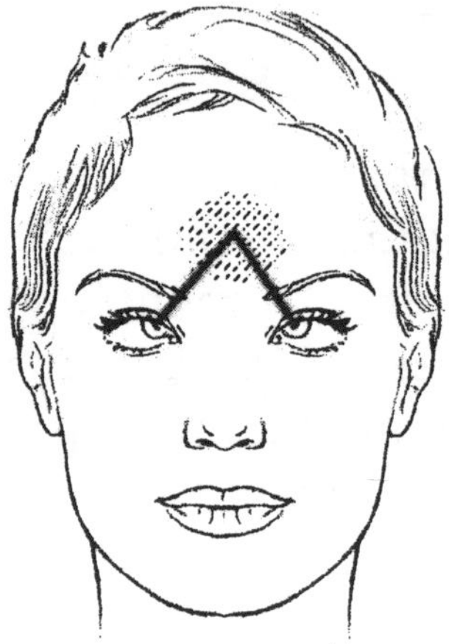

B

***1** - Les yeux montent, tandis que la vision mentale se dirige vers le ciel en partant de la fenêtre.*

***2** - Le regard commence à converger, tandis que l'imagerie mentale continue sa montée. Ajna est stimulé.*

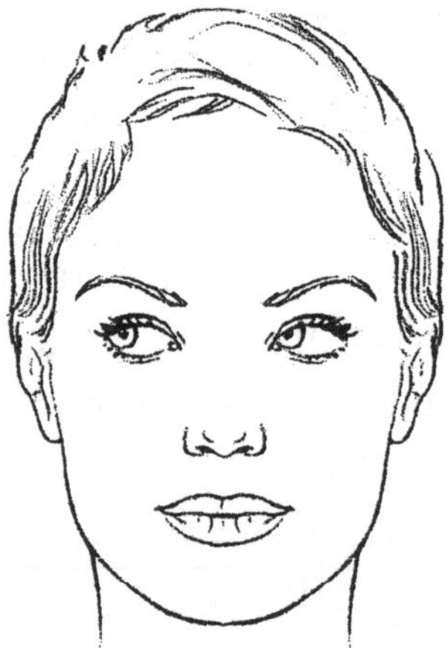

C

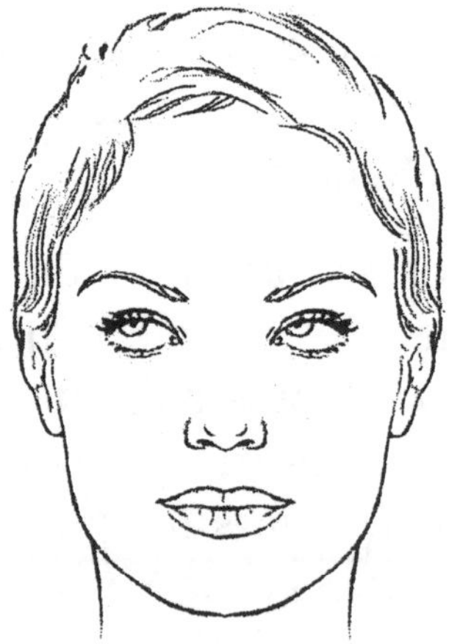

D

Puis les prunelles décrivent des cercles.

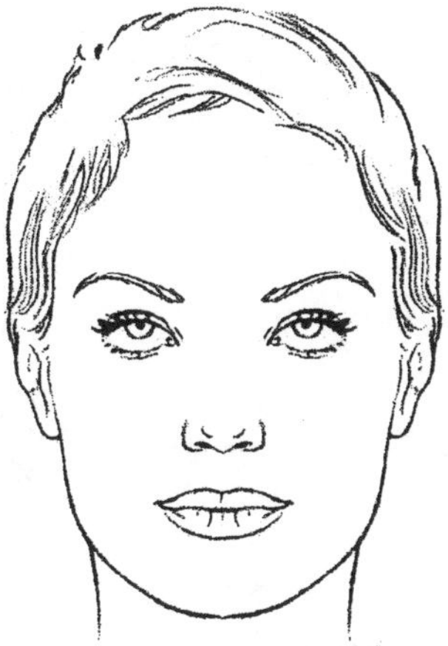

E

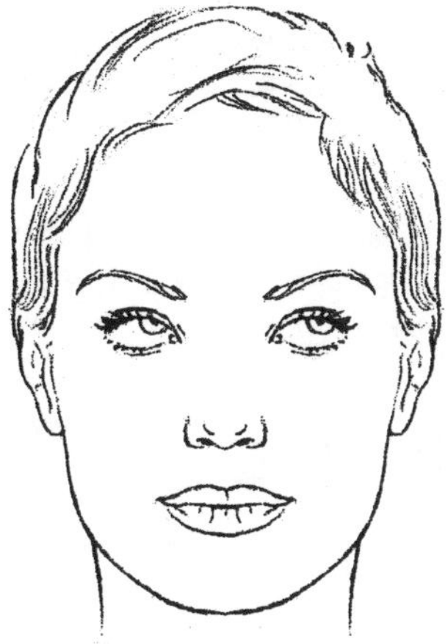

F

Les cercles décrits par les prunelles deviennent de plus en plus élevés au fur et à mesure que l'on arrive au plus haut de la spirale.

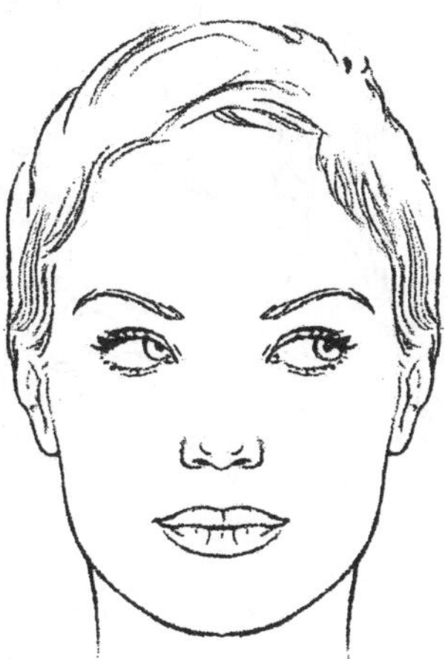

G

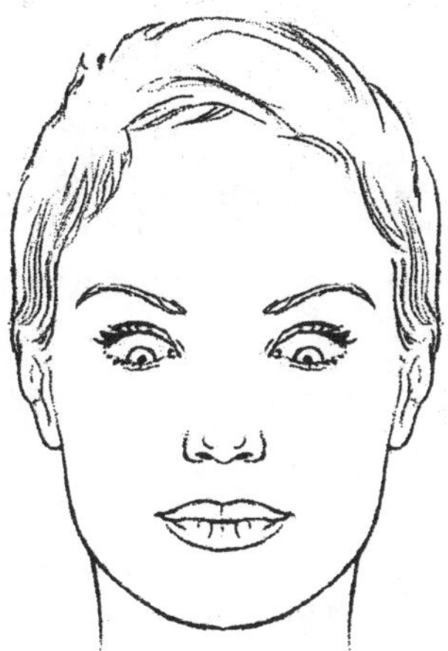

H

I **J** **K**

L **M** **N**

En fin de course, les globes oculaires
sont presque révulsés et convergents.
Ils stimulent Shasrara.
L'énergie est passée d'Ajna à Sahasrara.

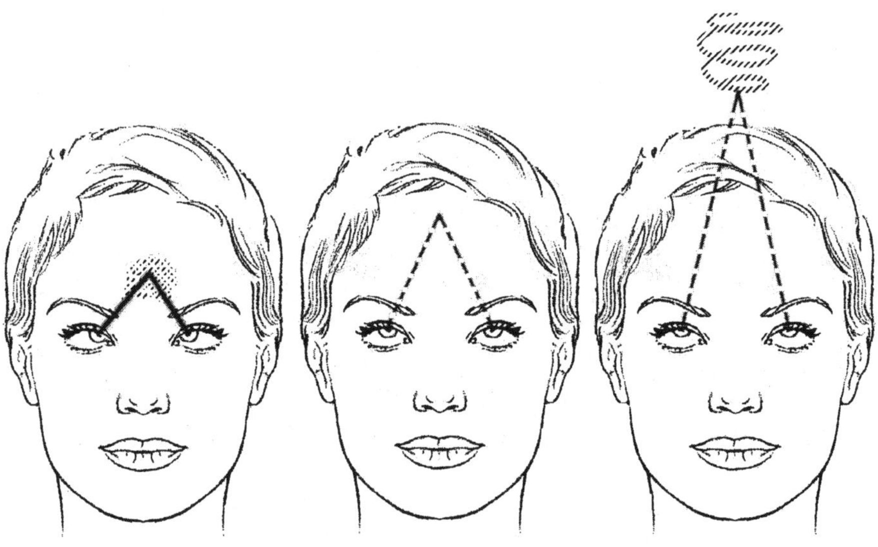

Convergence du regard au démarrage de la spirale.

Convergence du regard au milieu de la montée en spirale.

Convergence du regard en haut de la spirale.

LEÇON 10

PRÉPARATION AUX CLICHÉS VISUELS, EXERCICES POUR STIMULER LA ZONE VISUELLE DU CERVEAU AVEC CONTRÔLE DES IMAGES

A - Contrôle des couleurs avec la flamme d'une bougie

De nombreuses personnes s'imaginent faire de la visualisation alors qu'elles ne font que de l'imagerie mentale. Dans la véritable visualisation, il s'agit de se provoquer de véritables hallucinations contrôlées, en stimulant fortement la zone visuelle du cerveau. Ces images peuvent en effet avoir une intensité très violente. L'exercice de visualisation que nous vous donnons va vous permettre d'obtenir progressivement ces hallucinations.

Il se fait les yeux ouverts et passe par un contrôle des bâtonnets de la rétine. Dans ce premier exercice, on va utiliser l'œil, l'excitation de la rétine, pour stimuler la zone visuelle du cerveau.

1) INSTALLATION

- Placez une petite table contre un mur, avec une chaise devant.
- Un tissu noir au-dessus de la table contre le mur.
- Une bougie sur la tablette.
- Allumez la bougie, éteignez la lumière électrique.
- Asseyez-vous.

2) PRÉPARATION DE LA PALETTE DE COULEURS LUMINEUSES

Regardez la flamme de la bougie. Elle va vous servir de point de départ pour vous provoquer des visions de taches de couleurs déterminées. En effet, plusieurs couleurs apparaissent et se modifient suivant l'endroit où vous placez votre regard et suivant la façon dont vous accommodez.

a) Si vous accommodez votre regard normalement sur la mèche, vous voyez naturellement :
- Le petit point rouge de l'extrémité supérieure de la mèche.
- Du bleu en bas de la flamme.
- Le jaune d'or de la flamme.

b) Si vous placez votre regard sur la flamme au-dessus de la mèche, vous voyez apparaître le halo doré.

c) Regardez un instant la flamme jusqu'à être légèrement ébloui, puis faites varier l'accommodation de votre regard du flou lointain à l'accommodation serrée.

Vous commencerez alors à voir apparaître des taches de vert émeraude soit à la limite de votre champ de vision, le long de la bougie elle-même ou autour de la flamme. Vous commencerez également à voir des taches de violet qui peuvent partir du bas qui était bleu auparavant. Faites ainsi pendant plusieurs minutes. Vous voilà en possession d'une palette de couleurs. Et vous découvrez que vous pouvez les manipuler en faisant varier l'accommodation de vos yeux et en partant des différents endroits de la bougie.

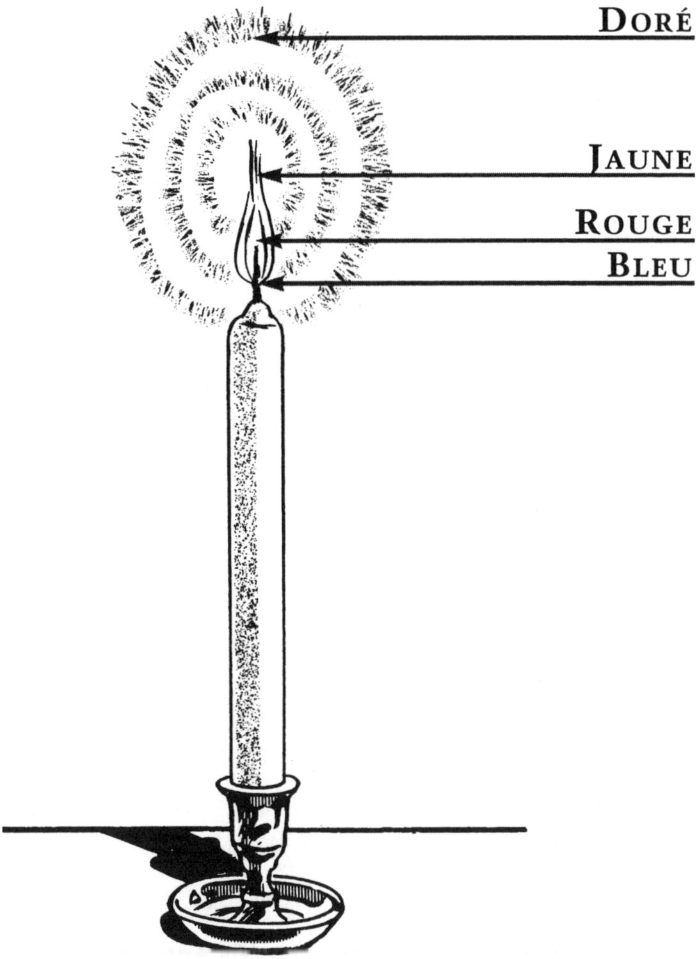

Faire apparaître des couleurs avec la flamme d'une bougie.

3) FAITES APPARAÎTRE LES COULEURS UNE À UNE EN SUPPRIMANT LES AUTRES

Il est très rare de réussir cet exercice du premier coup, car il faut laisser à votre œil un certain temps d'adaptation afin de ne pas le fatiguer. Il est donc recommandé de s'occuper au début d'une seule couleur à la fois.

VIOLET - **Cherchez dans le halo de la bougie la partie violette ou violet bleu. Placez-y votre regard, et si la tache semble se déplacer, suivez-la.**

- Essayez de ne plus voir les autres couleurs du halo, et tentez progressivement de faire grandir le bleu violet jusqu'à ce que vous ne voyiez plus qu'une grande tache violette.
- Faites cet exercice durant plusieurs jours. Vous verrez que la tache violette peut s'étendre jusqu'à devenir une grande nappe de violet qui peut envahir toute la pièce. Vous ne voyez plus alors que du violet.

Il est nécessaire de commencer par cette couleur et de la travailler beaucoup.

BLEU - **Partez du bas de la flamme et cherchez à distinguer le bleu du violet.**

- Étalez-le comme vous avez fait pour le violet.
- Souvent, dès le début, le violet vire au bleu, et lorsque vous allez ensuite travailler le bleu, il peut virer au violet. Cela n'est pas grave, mais il est bon d'apprendre à bien les séparer. Cherchez un violet franc et un bleu tirant sur le gris pour bien les séparer, tout au moins au commencement.

ROUGE - **Fixez le petit point rouge de la bougie et essayez progressivement de ne voir que ce point rouge, en faisant abstraction des couleurs du halo.**

- Essayez de faire grandir ce point rouge.
- Au bout de quelques jours, parfois de quelques semaines ou de quelques mois, pour les plus récalcitrants, vous devez fabriquer dans votre vision hallucinatoire une grande tache rouge sang.
- Le rouge peut être dangereux à manipuler. Il peut vous donner des étourdissements ou des malaises. Une fois l'opération réussie, n'insistez pas.

VERT - **Il est un peu plus long à venir, car il n'apparaît pas d'emblée. On doit donc s'occuper du vert après avoir travaillé les autres couleurs.**

- Faites-le apparaître après avoir cherché les autres couleurs pendant un temps. Lorsque votre rétine est bien stimulée, faites varier l'accommodation de votre regard jusqu'à ce que vous captiez une tache de vert, soit quelque part autour du halo, soit le long de la bougie elle-même.
- Une fois que vous l'avez capté, tâchez de le maintenir (il a tendance à fuir plus que les autres couleurs). Travaillez-le jusqu'à ce que vous voyiez une grande tache verte émeraude et aucune autre couleur.

OR - **Fixez votre regard sur la moitié supérieure de la flamme et accommodez sur le halo.**

- Lâchez peu à peu votre accommodation vers le «regard flou» jusqu'à ce que vous ne voyiez plus que de l'or. Cet or va alors s'étendre et vous aurez l'impression d'être enveloppé et chauffé par de la lumière dorée.
- Laissez-vous pénétrer par cette lumière vivifiante.

Toutes ces visions doivent être comparables à celles des vitraux d'une église éclairés par le soleil. Au bout d'un certain temps, vous aurez l'impression de mouvements très subtils à l'intérieur de l'œil à chaque changement de couleur.

RAPPEL : Surtout ne forcez pas. Vous risqueriez de vous abîmer la vue. Pratiquez d'abord cet exercice durant dix minutes, puis augmentez progressivement la durée de votre entraînement les jours suivants sans jamais dépasser une demi-heure. En Inde, ce genre d'exercice s'appelle tatrak.

B - CONTRÔLE DES COULEURS SANS LE SUPPORT DE LA FLAMME

Lorsque vous serez capable de manipuler votre palette de couleurs avec la flamme de la bougie, vous pourrez travailler les yeux fermés sans aucune aide.

- Il suffira pour cela de faire appel à votre ressenti intérieur lorsque vous faisiez de la visualisation avec la flamme.
- Le meilleur moment se situe lorsque vous êtes couché avant de vous endormir.
- Fermez les yeux et cherchez les couleurs sur vos paupières fermées, dans l'ordre bleu, violet, jaune, or en première série.
- Le vert et le rouge, à petites doses, dans un deuxième temps.

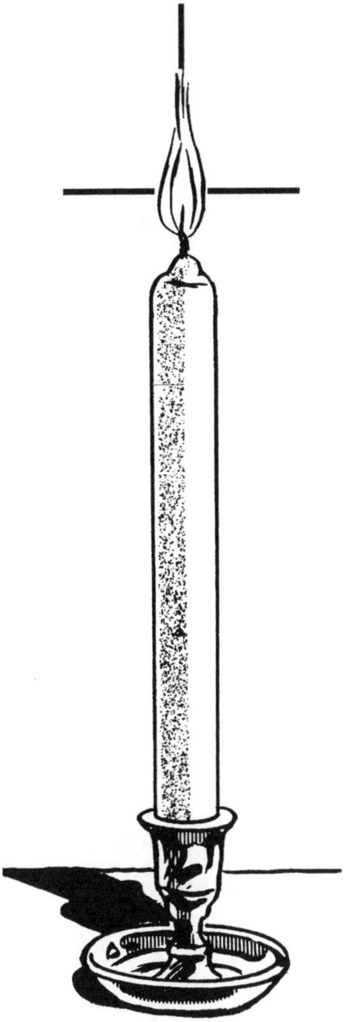

Faire apparaître des formes avec la flamme d'une bougie.

C - CONTRÔLE DES FORMES AVEC L'AIDE D'UNE BOUGIE

Le contrôle des formes est à mon avis plus difficile, mais certaines personnes sont cependant plus douées que d'autres pour ce type de contrôle.

- Installez-vous comme pour l'exercice A.
- Placez votre regard en haut de la flamme, essayez de voir cette flamme monter verticalement jusqu'à ce que vous voyiez un trait doré prolongeant cette flamme.
- Maintenez cette vision, tout en baissant légèrement votre regard vers le bas et en visualisant un trait horizontal partant du centre de la flamme. Vous arrivez ainsi progressivement à voir une croix de lumière.
- Faites varier la direction de ces traits jusqu'à ce que vous arriviez à les déplacer suffisamment jusqu'à voir une étoile rayonnante.
- Une fois cet objectif atteint, tracez une étoile à cinq branches, partez du sommet de la flamme, tracez avec votre regard l'étoile d'un trait, comme avec un crayon.

Vous y arrivez ? C'est très bien, bravo !
Vous n'y arrivez pas ?
Rien d'étonnant, ce n'est pas du tout facile.
Patience ! Essayez de percevoir au moins un petit trait. Cela suffira.

D - Contrôle des formes sans la bougie

Installez-vous devant un mur uni et tracez des figures géométriques simples, comme vous l'avez fait avec la bougie, sauf qu'il n'y a plus la flamme pour vous aider.

Mais vous pouvez tricher et vous aider d'une petite tache ou d'une petite irrégularité sur le mur. Essayez au moins de voir un petit rond ou un trait droit.

E - Exercices de vision sur l'écran intérieur au niveau d'Ajna

Cet exercice se fait les yeux fermés.

Si vous voulez savoir avec quel degré d'intensité vous devrez voir sur votre écran intérieur, regardez une ampoule électrique allumée, puis fermez les yeux et regardez l'image formée par votre rétine.

Voilà, c'est comme cela que vous devez former des images au bout d'un certain temps d'entraînement.

- Asseyez-vous. Faites un tour rapide de yoga nidra, yeux fermés.
- Façonnez un écran uniforme entre vos deux sourcils, derrière la paroi du front, et prenez conscience de cet espace. Contemplez-le : il s'étend jusqu'à l'infini.
- Regardez-le avec détachement comme s'il s'agissait d'un écran de cinéma encore vierge. Cet espace, chez les Hindous, s'appelle chidakash. Il correspond à Ajna chakra.
- Puis sur cet espace, visualisez un point lumineux, puis un trait, puis une figure simple.

Faites cet exercice un certain temps.

Si vous avez beaucoup travaillé (plusieurs mois), vous devez être capable de vous provoquer des hallucinations visuelles yeux ouverts n'importe où.

Mais, rassurez-vous, il n'est pas du tout nécessaire d'aller jusque-là.

Le principal est de faire les exercices.

LEÇON 11

L'UTILISATION DE LA BOULE DE CRISTAL POUR FAIRE APPARAÎTRE LES CLICHÉS VISUELS

La «boule de cristal», que l'on trouve chez tous les marchands d'objets ésotériques, est la plupart du temps une boule de verre, alors que la véritable «boule de cristal» est en cristal de roche. Cette dernière est rare et chère, surtout si elle est pure, c'est-à-dire aussi transparente que du verre et sans défauts. De plus, elle possède des propriétés que n'a pas la boule de verre. Elle capte, conserve et émet. C'est pourquoi elle est toujours utilisée par certains voyants. C'est pourquoi aussi, dans l'antiquité, les «chamans» se servaient de cristaux pour «communiquer avec les esprits». Ces propriétés sont bien connues en Inde, puisque dans les laboratoires parapsychologiques de certains ashrams, on fait travailler les disciples avec des morceaux de cristal de roche. Dans cette leçon, toutefois, il s'agit d'utiliser la boule de verre pour vous entraîner à faire le vide et à vous concentrer. Lorsqu'on se limite à cet objectif, la boule de verre est parfaite.

ACHAT ET INSTALLATION

1) Quelle boule choisir ?

- Elle doit être assez grosse, la taille idéale étant celle d'un gros pamplemousse ; mais elle peut être légèrement plus petite.
- Elle peut être incolore ou mauve.

2) Quel socle choisir ?

La boule est fréquemment vendue avec son trépied, généralement en métal. Je préfère personnellement un petit socle en bois (un petit cube légèrement creusé). On peut prendre également un simple anneau en bois ou en plastique.

3) Où la placer ?

L'emplacement est important. Il faut se débrouiller pour éliminer au maximum les reflets d'objets dans la boule, qui ne doit pas faire miroir. Le plus simple est de l'installer sur une table posée contre un mur nu et recouverte d'un tissu blanc.

4) Quel éclairage ?

L'éclairage de la bougie est insuffisant. Le plus pratique est d'utiliser une lampe électrique réglable. Elle doit se placer légèrement au-dessus et en arrière. Vous ne devez pas en recevoir le reflet dans l'œil.

5) Où vous placer ?

Assis devant la table, sur une chaise pas trop haute, de façon à avoir les yeux à peine plus hauts que la boule.

6) Enfin, placer un réveil à côté de la boule.

Ce réveil doit servir à regarder l'heure de temps en temps tout en regardant la boule, afin de détourner le regard au minimum.

EXERCICE : première partie

1) Placez votre regard au centre de la boule. De cette façon, tout ce qui est extérieur à la boule est éliminé de votre champ de vision. Vous devez avoir l'impression d'être plongé au centre d'un océan.

2) À partir de cet instant, vous ne devez pas cligner des yeux une seule fois. C'est la condition absolue. Le but de l'opération est de ne pas du tout cligner des yeux et de les garder fixés sur le centre de la boule durant toute l'opération, c'est-à-dire environ vingt minutes, une demi-heure. Au début cela n'est pas facile. Aussi doit-on s'entraîner très progressivement. Une minute seulement d'abord. Puis trois, puis cinq et ainsi de suite.

3) Au bout de six à sept minutes, des nuages doivent apparaître au centre de la boule. Ce cap de six à sept minutes est le plus dur à atteindre. Mais c'est justement à partir de ce moment-là que les choses deviennent intéressantes. Au bout de ce laps de temps, en effet, il va se passer quelque chose. Vous allez voir le centre de la boule se troubler comme si l'on avait fait tomber une goutte d'encre dans de l'eau (quand on regarde au milieu, on a l'impression de voir de l'eau). Puis cette goutte semble se diluer et former des sortes de nuages qui tournoient, s'étirent, se regroupent et forment des images.

Illusion ? Voyance ? Ni l'un ni l'autre, il s'agit tout simplement d'un phénomène d'optique.

Durant les minutes précédentes, alors que vous gardiez fixement les yeux ouverts, une pellicule de larmes s'est formée à la surface de vos yeux, elle trouble votre vue, ce qui provoque ces phénomènes.

Si vous ne voyez rien, attendez encore une à deux minutes. Si vous ne voyez toujours rien, c'est que vous avez cligné des yeux. Il faut alors recommencer l'opération, si vous en avez le courage et si vous n'avez pas trop mal aux yeux, sinon vous recommencerez le lendemain.

Dans cet exercice on ne peut donc s'illusionner tant que l'on ne voit pas les nuages ; on ne peut se mentir à soi-même : on n'a pas atteint la concentration nécessaire. En fait, l'apparition des nuages est le test.

Si ces phénomènes apparaissent, c'est parfait, cela prouve que vous avez été capable de maintenir votre regard fixe durant tout ce temps. Vous pouvez continuer l'exercice.

Si ces phénomènes apparaissent mais que des larmes coulent sur votre visage, cela signifie que vous avez été capable également de maintenir votre regard fixe, mais que vos yeux ont besoin de s'habituer. Dans quelques temps, vous pleurerez moins. Vous pouvez continuer l'exercice, d'autant que, au bout d'un certain entraînement, votre regard va se fortifier tandis que vos yeux prendront un éclat intéressant.

IMPORTANT - Vous ne pouvez avoir maintenu votre regard fixe en pensant à autre chose. Le fait de voir les nuages indique donc que vous avez obligatoirement coupé le flux du mental et que vous avez tenu en laisse votre attention.

EXERCICE : deuxième partie

Continuez à garder le regard dans la boule. C'est maintenant plus facile, car votre attention est captée par le spectacle des «nuages». Attendez encore quelques minutes, laissez-vous «fasciner» par ces images.

EXERCICE : troisième partie

Vous allez maintenant essayer de «capter» un message. Voici comment : donnez une direction à votre mental. Dites-vous par exemple « Que fait un tel ou une telle en ce moment présent ?», et observez sans effort les images de la boule en attendant qu'elles vous évoquent quelque chose, mais ne faites pas fonctionner votre imagination. Une idée ou une image peut venir alors se superposer. Si rien ne se produit au bout d'une minute ou deux environ, n'insistez pas, ce sera pour une autre fois. Si quelque chose vous traverse le cerveau, arrêtez-vous et notez cette idée ou cette image en même temps que l'heure. Ainsi, vous pourrez vérifier par la suite en questionnant les personnes que vous avez essayé de «capter» s'il s'agit bien d'un message reçu.

Vous pouvez aussi poser la question dans le futur : «Que va-t-il arriver à telle ou telle personne ?»

Si vous ne «captez» rien :
Dites-vous bien que même s'il vous semble que «ça ne marche pas», cela n'a pas d'importance. Ce qui compte, c'est que cet exercice soit fait régulièrement, que vous voyiez apparaître les nuages et que vous puissiez maintenir encore votre regard de cette façon pendant dix

minutes. En général, à la fin de cet exercice, au moment ou l'on peut enfin fermer les yeux, un flot de larmes descend en cataracte sur le visage. C'est normal, aussi les coquettes n'ont pas intérêt à faire cet exercice avec les yeux maquillés !

Inutile de rester des heures devant la boule de cristal. L'important est de le répéter.

Certains peuvent «tenir» jusqu'à trois quarts d'heure et avoir plusieurs «voyances». Mais, à mon avis, une demi-heure de cet exercice tous les jours est amplement suffisante. Ce qui compte, c'est la répétition de cet exercice. Pour porter vraiment ses fruits, il doit être exécuté durant plusieurs mois.

À la sortie de cet exercice, vous remarquerez que vous êtes un peu «groggy».

C'est que vous avez fait le vide dans votre cerveau et que vous êtes passé dans un état second, «semi-hypnotique». Cet état ressemble en effet à celui dans lequel on se trouve lorsque l'on a été hypnotisé par quelqu'un. Cependant, il y a une différence. L'état dans lequel vous vous trouvez en vous concentrant sur la boule de cristal n'a pas été induit par un hypnotiseur mais par la seule puissance de votre esprit, par la force de votre concentration. Lorsque vous êtes hypnotisé par une tierce personne, votre niveau de conscience est abaissé et vous êtes soumis à la volonté de l'hypnotiseur. Lorsque vous faites cet exercice avec la boule, votre niveau de conscience s'élève et votre vouloir est fortifié. Il est important de souligner cette différence, car certains parapsychologues entraînent des sujets à la voyance en les mettant sous hypnose. Un sujet mis ainsi, sans effort, en état de vide mental, peut effectivement faire de la voyance, mais rien ne lui assurera pour autant qu'une fois livré à lui-même il pourra devenir un bon voyant.

Aussi, nous ne vous conseillons pas cette forme d'entraînement qui ne sert finalement à l'expérimentateur qu'à faire obtenir de bons résultats à leurs sujets, mais uniquement sous contrôle et en laboratoire parapsychologique.

En résumé, l'exercice avec la «boule de cristal» est excellent pour apprendre à faire le vide, intensifier son attention et provoquer une modification d'état de conscience, toutes choses indispensables pour recevoir des clichés.

Remarques - Si un voyant sort prestement une boule de verre de son tiroir et vous dit «je vois ça», c'est peut-être de la voyance, mais c'est une voyance qui n'a aucun rapport avec la technique de la voyance dans la boule.

- Si vous prenez des photos de soi-disant images dans la boule, il s'agit uniquement de reflets ou d'artefacts n'ayant aucun rapport avec un quelconque phénomène médiumnique.
- La vraie voyance par la boule de verre prend du temps, puisqu'elle démarre avec l'apparition des nuages et qu'il faut au moins six minutes pour qu'ils apparaissent.
- La voyance avec le cristal de roche peut être par contre instantané, mais elle est due à la nature du cristal qui capte les informations et les émet. Elle n'a rien à voir non plus avec l'exercice indiqué.

LEÇON 12

UTILISATION DES SUPPORTS POUR FAIRE APPARAÎTRE LES CLICHÉS VISUELS

1) QU'EST-CE QU'UN SUPPORT ?

UN support divinatoire est un matériel sur lequel le voyant fixe son attention afin de faire surgir le « cliché ». Les supports facilitant l'apparition des clichés visuels existent depuis la plus haute antiquité et chez tous les peuples.

Ils sont de natures très variées : os, cailloux, coquillages, sable, nuages dans le ciel, reflets dans l'eau...

En fait, de nombreux «objets» peuvent faire l'affaire.

Aujourd'hui, on connaît essentiellement le marc de café, les cartes, les tarots et le yi king.

2) Parmi ces supports, il faut tout d'abord en distinguer deux sortes

a) Les supports qui contiennent en eux-mêmes une interprétation définie par des règles précises : les supports symboliques.

C'est le cas des cartes et des tarots, ou bien encore de supports qui sont certes naturels, mais qui ont reçu progressivement une codification liée à certains phénomènes ou à certaines circonstances (par exemple, si les cailloux tracent une croix cela signifie que ..., si les pattes du lièvre ont traversé dans tel sens le quadrillage que l'on avait tracé sur le sable, cela annonce que ...).

Il ne s'agit pas ici de voyance véritable bien qu'on puisse voir un lien entre ces phénomènes divinatoires et la voyance. Car parfois, d'un cliché peut surgir la contemplation des images (symboles) des cartes à jouer ou des tarots. Ceci s'applique également à tout autre support codifié (comme la croix tracée par les cailloux). Mais il reste exceptionnel, l'essentiel de l'interprétation étant dans l'ensemble défini par les codes en question qu'il faut apprendre par cœur. Le devin qui utilise ces supports fait donc appel d'avantage à sa mémoire et à son raisonnement qu'à la perception extra sensorielle. Cela pourrait même sembler incompatible puisque, comme nous l'avons déjà expliqué, pour «voir» ou «entendre» en voyance, il faut couper le mental et faire abstraction justement du connu. L'apparition inopinée du cliché peut alors s'expliquer par la fatigue qui parfois entraîne un relâchement involontaire.

La divination n'est donc pas la voyance. Devenir un bon cartomancien demande un long apprentissage, un enseignement spécifique. Le devin utilisant les cailloux devra pour sa part utiliser, et donc apprendre, un autre code. Tous ces codes ne pourraient être traités sérieusement en un chapitre. À chaque support, à chaque art conjectural, il faudrait consacrer un chapitre ou même un livre entier. Par exemple, le cas du tarologue est très particulier. On rencontre de plus en plus de «tarologues» qui ne sont pas du tout voyants. Ils utilisent les «lames» (noms des cartes du tarot) comme une sorte d'instrument de décodage psychologique et rejettent même parfois l'idée de prédictions. Quant à l'astrologie, nous ne devrions même pas en parler. Elle n'a rien à voir avec l'ESP, ni même de par sa nature avec les autres arts divinatoires (bien qu'elle puisse prédire).

Il s'agit d'une «science traditionnelle» qui possède une sorte de langage avec son vocabulaire, ses règles et son raisonnement. Il suffit pour la faire fonctionner d'apprendre ce langage et ces règles et de faire fonctionner sa mémoire et sa logique. On peut évidemment être à la fois astrologue et voyant, mais le thème de naissance n'est pas fait pour être un support de voyance.

b) Les supports non symboliques.

Ils proposent au voyant des formes non organisées qui vont l'aider à prendre conscience des messages qu'il a déjà reçus au niveau inconscient.

Votre inconscient, on l'a vu, capte tout. Tous les organismes sont télépathes. La seule différence entre un voyant et celui qui ne l'est pas est que le «voyant» est capable de prendre conscience des messages que son organisme a capté.

Le support va donc aider le voyant à cette prise de conscience. L'œil du devin, en balayant la surface du support, va tout à coup «voir» une forme en rapport avec le message enfoui dans l'inconscient.

L'intérêt des supports indéterminés, non codés, c'est qu'ils n'imposent aucune des limites déterminées par un code, toutes les images du monde pouvant s'y lire.

Tous les messages, même les plus bizarres, peuvent alors apparaître. Dans des cailloux éparpillés, dans les reflets d'une coupe d'eau ou d'un miroir, vous pouvez voir apparaître n'importe quoi : un légume... qui représente peut-être une activité agricole, mais peut aussi bien se relier au nom d'un personnage que connaît votre consultant.

Vous pouvez même voir apparaître des choses dont vous ignorez totalement la signification : par exemple un caractère chinois qui, en l'occurrence, ne pourra être compris (lorsque vous lui aurez dessiné ce que vous aurez vu) que par votre consultant.

Par contre, si vous utilisez un code quel qu'il soit, vous ne pourrez pas aller au-delà des interprétations données par ce code.

Si vous désirez devenir un(e) voyant(e) véritable et non un(e) cartomancien(ne), c'est un support libre qu'il vous faut. De plus, le support libre est beaucoup plus excitant, il fait «magique». D'ailleurs, il est magique. Pourtant il est peu utilisé, la plupart des voyants préférant se fier aux cartes, car il sont bien souvent stressés à l'idée de ne pas avoir de «clichés» ... et il est vrai que cela arrive même aux meilleurs d'entre eux.

3) CHOISISSEZ VOTRE SUPPORT PARMI LES SUPPORTS NON SYMBOLIQUES

Vous pouvez, comme certains sorciers africains, lire l'avenir dans le sable, les cailloux, les graines ou les coquillages, comme certains mystiques lire sur la surface miroitante d'un cours d'eau ou d'un lac. C'est ce que faisaient autrefois les moines bouddhistes tibétains. Ils se rendaient au bord d'un lac sacré, comme celui de Lhamo Namtso, au sud-est de Lhassa, pour y voir le futur. Cette méthode fut utilisée pour trouver l'actuel Dalaï Lama. À la mort de son prédécesseur, on rechercha, comme il se doit, sa nouvelle réincarnation et l'on raconte que le Régent, qui gouvernait en intérim, se rendit pour ce faire au bord de lac de Lhamo Namtso.

Après un instant de méditation, il vit apparaître à la surface de l'eau le monastère de Kumbum, reconnaissable à son toit doré, ainsi qu'une petite maison, recouverte de tuiles turquoises. Dans le jardin de cette habitation, sous un pêcher en fleurs, se tenait une femme tenant un bébé dans ses bras. Le gouverneur se rendit donc dans le village où se trouvait le monastère, trouva ainsi la maison de sa vision, et découvrit le bébé. Celui-ci passa les tests de reconnaissance avec succès et fut donc reconnu comme le nouveau Dalaï Lama.

Vous pouvez aussi, comme on le fait au Japon, voir dans fumée d'un feu. Peut-être préférez-vous toutefois la lecture dans le marc de café. Ce support commença à être utilisé au XVIIIe siècle et l'est toujours de nos jours au Moyen-Orient (à condition de ne pas étudier les codes mis en place par certains.) Ou bien encore, tout comme les cousettes en France, à la fin du XIXe siècle dernier vous pouvez «lire» dans des épingles jetées d'une certaine hauteur sur un tapis (pour ce support également, on trouve des codes dans certains ouvrage : ne les étudiez surtout pas.) Étant donné que nous ne vivons plus guère en pleine nature (ce qui pourtant est propice à l'ESP) et qu'il nous faut être pratiques, nous devons trouver des supports utilisables en appartement.

Par exemple :

- Une vasque remplie d'eau.
- Un grand plateau, en cuivre ou en verre, recouvert de sable ou de cailloux.
- Un tamis rempli de graines diverses.

J'ai connu une voyante qui avait installé une immense vasque de pierre dans une des pièces de sa grande maison. Elle officiait debout, revêtue d'une longue robe, ses cheveux flottant sur son dos. Notez qu'elle aurait pu faire aussi bien avec un compotier posé sur une petite table...

J'ai utilisé pour ma part à une certaine époque des épingles de couture à petite tête non colorée. Je les lançais sur un petit tapis de table. Je n'utilisais pas de code et portais mon regard sur cette surface couverte d'épingles en tous sens (le contenu d'une boîte vendue en mercerie). Je m'en servais un peu comme j'aurais utilisé la surface d'une coupe d'eau. Faisant le vide, j'attendais et je voyais apparaître une image, un peu comme un poisson remontant du fond de l'eau s'approche de la surface et laisse deviner les contours de son corps.

4) COMMENT FAIRE ?

- Pour chaque voyance, donnez une nouvelle apparence à la surface formée par votre support.
- Secouez ou brouillez avec les doigts le sable, les cailloux, les graines ou les épingles. Cet acte préparatoire doit être accompli comme un rituel.

Si vous l'utilisez régulièrement, il produira une sorte de réflexe conditionné. Votre organisme, devenu docile, saura à votre place que le moment est venu de se mettre en condition.

- Dites-vous que vous allez vous mettre en communication avec l'invisible, que c'est un moment exaltant et heureux.
- Détendez-vous, respirez une ou deux fois bien à fond et n'ayez aucun souci.
- Dirigez votre attention sur la personne venue vous interroger (au début, vos amis vous serviront de cobayes), mais sans l'observer physiquement, sans l'analyser, sans la détailler. Il s'agit de diriger votre mental vers cette personne, un point c'est tout, et surtout pas d'état d'âme.
- Vous devez vous mettre en sympathie avec cette personne et celle-ci (surtout si elle vous sert bénévolement de cobaye), doit être de bonne humeur, ouverte à ces questions et tout autant que vous désireuse que cela «marche».
- Donnez-vous l'ordre mental de percevoir quelque chose à son sujet.

- Déconnectez-vous, regardez la surface de votre support, sans crispation (il faut que cela soit un plaisir, un jeu) en ne pensant à rien, en attendant simplement qu'une image s'impose à vous.
- Restez détaché, laissez en quelque sorte faire le support, faites-lui confiance et dites-vous qu'il travaille pour vous avec votre subconscient qui lui-même alors se relie avec le grand tout.

Vous passez le relais et vous attendez que l'on vous le repasse sous la forme d'une information, c'est-à-dire de l'image visuelle.

- Attendez. Cela peut prendre quelques secondes ou quelques minutes.
- Si rien ne vient, faites un nouvel essai.
- L'image apparaît. Elle apparaît un peu comme dans un rêve, tandis qu'une petite secousse intérieure vous informe qu'il s'agit d'un cliché.
- Décrivez l'image sans tricher ni broder. La plupart du temps, l'erreur vient de l'interprétation parce que la logique s'en mêle. Or, la voyance est illogique.

5) LES PROBLÈMES

- Ça ne marche pas ! Vous avez fait un essai, deux essais, sans résultat. Si rien ne vient encore, recommencez une autre fois avec quelqu'un d'autre. Vous pouvez avoir une difficulté à vous harmoniser avec cette personne alors que vous pourrez le faire sans problème avec une autre. À plus forte raison si la personne venue vous interroger le fait de mauvaise grâce ou si elle vous énerve : inutile d'insister.
- Comment savoir si vous avez imaginé ou perçu réellement ? Faites un test.

En général, les voyants chevronnés savent reconnaître cette petite secousse intérieure qui indique qu'il s'agit bien d'un cliché. C'est l'habitude qui leur permet, en fin de compte, de faire la distinction entre un cliché de voyance et le fruit de leur imagination. Pour les débutants, il est prudent de faire un test vérifiable immédiatement. C'est d'ailleurs ce que font la plupart des professionnels, ne serait-ce que pour donner confiance à leurs clients.

Ne commencez donc pas directement par de la voyance dans le futur, sinon il vous faudra peut-être attendre dix ans pour avoir la réponse, si votre visée dans le temps est mal faite. Démarrez par de la voyance dans le présent ou le passé. Donnez-vous l'ordre mental de percevoir un élément connu seulement de votre «cobaye» et attendez.

Par exemple, vous voyez un train et la personne vous confirme qu'elle vient de prendre un billet de TGV. Dans ce cas, le résultat est bon, cela prouve que vous êtes «branché». Bien sûr, cela ne vous donnera pas (malheureusement) la certitude que la voyance dans le futur sera juste, mais au moins cela prouvera que vous avez atteint l'état de conscience voulue pour percevoir.

Faites un deuxième essai en vous donnant l'ordre, cette fois, de capter un renseignement dans un futur proche (dans les jours qui viennent). Il n'y aura plus alors qu'à attendre la vérification. À moins de vous sentir particulièrement en forme, il n'est pas bon de vouloir trop percevoir d'un coup. Si vous forcez, il y a de fortes chances pour que les clichés suivants soient faux. Cet ouvrage va développer, c'est certain, vos dons de voyance. Mais attention, nous ne sommes pas des machines et vous êtes encore un débutant.

6) À PARTIR DU MOMENT OU VOUS COMMENCEZ À AVOIR DES CLICHÉS SUR COMMANDE, LA VOYANCE SPONTANÉE VA FAIRE SON APPARITION

Le fait d'avoir développé cette qualité d'ESP ne veut pas dire que vous allez passer votre temps à avoir des clichés, autant de fois que vous le voulez et avec qui vous voulez.

Par contre, cela signifie que lorsqu'un événement vous touchant de près est sur le point d'arriver, vous avez maintenant de grandes chances de le percevoir avant qu'il arrive. Cela signifie que vous allez pouvoir «deviner» beaucoup de choses : qui téléphone ? Qui va se manifester ?

Vous allez aussi sans doute percevoir spontanément, sans les rechercher, des événements mondiaux porteurs d'émotions (car il est plus facile de percevoir des événements chocs que des événements anodins.) Mais vous n'allez pas tous les percevoir, Dieu merci, quelle horreur !

Les exercices de cet ouvrage vous apprennent à capter des clichés sur commande, mais ils font évidemment surgir également la voyance spontanée, et cette voyance spontanée a pu apparaître avant même que vous ayez abordé ce chapitre.

Cette voyance se manifeste la plupart du temps sous la forme de rêves prémonitoires ou de pressentiments.

Il est important pour vous maintenant de noter vos rêves et d'écouter ce que vous suggère votre intuition.

Par contre, si vous désirez percevoir à volonté, n'importe comment, n'importe quand, autrement dit si vous désirez devenir professionnel, c'est autre chose. Vous devez vous soumettre à un entraînement long et intense. Il faut savoir que cela peut alors devenir fatigant. Il faut plus encore avoir conscience du fait que le corps a ses rythmes.

7) Les rythmes en ESP

Que ce soit en télépathie (voyance dans le présent) ou précognition, il y a un rythme naturel à respecter. Ce rythme est basé sur le cinq.

Autrement dit, le voyant peut percevoir cinq clichés de suite. J'ai observé cette règle sur moi-même et sur les autres voyants de ma connaissance ; elle a été également observée par les parapsychologues américains.

En consultation, les voyants «brodent» autour de ces clichés et donnent l'impression (parfois) d'avoir un grand nombre de clichés. Mais je parle des vrais clichés, c'est-à-dire du nom d'une personne, du nom d'un lieu, de la description d'un personnage, d'un lieu ou d'un objet.

D'autre part, un cliché peut être très complexe. La vision peut comporter un grand nombre d'éléments. Mais ce grand nombre d'éléments se perçoit dans un instant comme si le temps était comprimé en un point.

À la limite, un voyant exceptionnel peut voir toute une vie en un instant. Il peut de cette façon voir (en théorie) cinq fois de suite cinq vies entières en cinq instants. Mais ensuite il devra attendre.

LEÇON 13

UTILISATION DES SUPPORTS POUR FAIRE APPARAÎTRE LES CLICHÉS AUDITIFS

1) LES SUPPORTS AUDITIFS

a. Coquillage ou calebasse sur l'oreille gauche.

PRATIQUEMENT inconnus en Europe, les supports auditifs sont couramment utilisés en Afrique noire et probablement dans d'autres civilisations traditionnelles. Un support auditif est un bruit de fond. Ce bruit peut être naturel comme le bruit d'une cascade, du ressac de la mer ou bien comme le crépitement du feu. Certains «sorciers» ou «devins» portent à leur oreille un coquillage, en général une conque de taille moyenne. C'est pour des raisons symboliques le support le plus prisé, mais une calebasse peut aussi bien faire l'affaire. Ainsi les «oloiboni», les devins des Maasai, utilisent une calebasse remplie de cailloux qu'ils placent sur leur oreille gauche.

Ces devins, qui sont en réalité des voyants, se concentrent sur ces sons sans signification, et réussissent à capter des messages, comme quelqu'un qui tendrait l'oreille pour percevoir des paroles au milieu de parasites.

En effet, pour avoir des clichés auditifs, le voyant tend son «oreille intérieure» et essaie de distinguer des sons significatifs, exactement comme on tend son oreille pour entendre des sons difficilement distincts. Dans la vie courante, l'oreille est l'organe qui apporte le son au cerveau. Dans l'ESP, le message passe par des voies subtiles et stimule la zone auditive du cerveau, sans passer par l'oreille.

- Comme vous le constatez, l'utilisation des supports auditifs relève du même processus que celui des supports visuels. Ce processus est simplement transposé dans le domaine auditif. Maintenant, me direz-vous, pourquoi placer le support sur l'oreille gauche plutôt que sur la droite ?

C'est tout simplement parce que la zone subtile de la réception extra sensorielle auditive se trouve du côté gauche et non des deux côtés. Elle se trouve très exactement au niveau de la tempe gauche. Ou encore, d'une façon plus générale, parce que le côté gauche du corps correspond au cerveau droit qui dirige la partie irrationnelle ou intuitive de notre corps.

b. Coquillages, tasses à café ou mains, sur les deux oreilles.

Le médium Raymond Réant entraîne ses élèves à la clairaudience en leur faisant placer un gros coquillage sur chaque oreille. Si nous n'avons pas de coquillages à notre disposition, il propose de les remplacer par des tasses à café ou tout simplement par nos mains.

On met une main sur chaque oreille, les doigts bien réunis de façon que chaque main forme une sorte de conque qui enferme l'oreille. Les oreilles étant ainsi enfermées, on entend un bruit de fond qui ressemble au bruit de la mer mais qui est en réalité le bruit que fait votre circulation sanguine. Quel est l'intérêt de placer les supports sur les deux oreilles, si la zone auditive se trouve à gauche ?

L'intérêt de placer des coquillages sur les deux oreilles et non uniquement sur l'oreille gauche est que, de cette façon, on coupe le contact auditif avec l'extérieur.

L'écoute va ainsi pouvoir se diriger plus facilement vers la perception intérieure. Le bruit de fond, en effet, semble venir de l'intérieur de soi. C'est comme s'il s'agissait d'un support intérieur.

2) Comment doivent être perçus ces clichés auditifs

Les clichés auditifs apparaissent avec des intensités variables. Ils sont le plus souvent à la limite de l'inaudible. N'attendez donc pas une voix qui va vous crier quelque chose à l'oreille. Le cliché auditif se présente en général comme une voix qui chuchote à l'oreille, ou encore purement mentale, c'est-à-dire que, comme dans un rêve, le mot arrive à votre conscience mais sans le son. Parfois, cependant, le cliché arrive avec une grande force, comme si quelqu'un vous parlait à voix haute. Mais c'est beaucoup plus rare. Des clichés de cette violence peuvent avoir lieu lors de voyances spontanées à l'occasion d'un événement dramatique.

3) Qui vous parle ainsi à l'oreille ?

Certains voyants, lorsqu'ils ont ainsi des clichés auditifs, surtout lorsqu'il s'agit de clichés spontanés, prétendent que c'est leur «Esprit-Guide» qui leur parle.

C'est le cas notamment des voyants qui se disent «médiums». En ce sens, ils ne sont que des intermédiaires entre leur esprit-guide et ceux qui font appel à leur don.

Que faut-il en penser ? Est-ce complètement faux ?

Un certain nombre de «voyants», comme le font parfois des sorciers, des chamans ou encore des adeptes de certaines religions, font appel à des entités pour les guider.

Ces entités peuvent être, selon la culture du devin, Dieu, la Sainte Vierge, un Saint, une divinité, un deva, un ancêtre, ou un esprit.

Ces devins vont donc faire confiance à leur guide. Ce guide existe réellement pour eux. Ils lui font donc confiance, ce qui est extrêmement positif. Car le doute alors ne fait plus obstacle à leur voyance.

Ils prient et s'en remettent à ce guide, ce qui d'une part facilite la concentration, d'autre part les délivre de leur ego et surtout les déconnecte du monde ordinaire.

Aussi, si cela peut vous aider et si vous être «croyant», rien ne vous empêche d'en faire autant. Mais vous pouvez tout autant être rationaliste et penser qu'il s'agit d'un phénomène naturel dont le fonctionnement sera éclairci un jour par la science.

4) EXERCICES

a. Entraînez-vous avec des photos.

- Faites placer par un tiers des photos dans des enveloppes fermées (une photo représentant une seule personne par enveloppe).
- Prenez au hasard une de ces enveloppes.
- Placez-la devant vous et mettez vos deux mains (ou deux tasses) sur vos oreilles.
- Essayez d'entendre quelque chose se rapportant à la photo cachée dans l'enveloppe. Essayez par exemple d'avoir un prénom.
- Notez ce prénom sur l'enveloppe.

b. Recommandations importantes.

- Si une enveloppe ne vous «inspire» pas, essayez avec une autre.
- Ne faites pas plus de cinq essais.
- Quand vous n'avez rien, ne notez rien.

c. En effet, il faut savoir que dans le cadre d'une expérimentation d'ESP :

- Un mauvais résultat vous retire un point.
- Un bon vous donne un point.
- Pas de résultat du tout ne vous donne pas de point mais ne vous en retire pas.
- Faites contrôler un prénom trouvé ou une autre information sur dix enveloppes, et si vous ne faites pas d'erreur, c'est très bien.

5) Notez que les supports visuels peuvent aussi faire surgir des clichés auditifs

Au bout d'un certain temps d'entraînement, en effet, les supports serviront surtout à vous conditionner rapidement. Le cliché pourra alors être double, à la fois auditif et visuel.

C'est ainsi que la voyante Drana, se penchant sur un tamis rempli de graines, ce qui était censé lui provoquer des clichés visuels, donnait parfois à ses consultants le nom de leurs partenaires amoureux au grand ébahissement de ces personnes qui se demandaient comment diable un nom pouvait sortir du fouillis des graines. En réalité, vous vous en doutez, Drana ne «lisait» pas le nom inscrit sur les graines, mais le fait de se concentrer sur son tamis lui déclenchait aussi bien des clichés sonores que visuels.

Attention - N'hésitez pas à vous débarrasser des photos sur lesquelles vous avez eu des clichés apparemment faux. Vous ne devez plus les utiliser pour cet exercice. Les parapsychologues américains ont constaté une forme «d'imprégnation du support» par le cliché faux (dû parfois à l'imagination du voyant) tout comme par le cliché vrai d'ailleurs...

Vous verrez de mieux en mieux avec une photo sur laquelle vous avez déjà eu de bons clichés, vous verrez de moins en moins bien avec une photo sur laquelle vous avez déjà eu des clichés faux. Il en est de même d'ailleurs, avec les personnes.

TROISIÈME PARTIE

ENTRAÎNEMENT À LA VOYANCE SANS SUPPORT

VOYANCE DIRECTE

LEÇON 14

PASSER À LA VOYANCE DIRECTE

A - ABANDONNEZ VOTRE BOUÉE, VOUS SAVEZ NAGER

Si vous avez effectué les exercices précédents avec patience et persévérance, vous êtes prêts maintenant à «voir» sans supports, c'est-à-dire à faire de la «voyance directe». Lorsqu'on apprend à nager, on met une bouée, mais lorsqu'on a intégré les mouvements qui permettent de se maintenir à la surface de l'eau et d'avancer sans risque, on doit se décider à abandonner sa bouée. Certains, pourtant, n'acceptent jamais de s'en séparer. Ils se comportent comme des infirmes. La peur, issue du doute, les bloque. Elle les empêche de se jeter à l'eau.

Il en est de même pour la voyance. Le support est une bouée, et aujourd'hui le moment est venu de la laisser au placard. Il est vrai que comme pour la bouée, on peut se sentir tout à coup démuni, même si on sait nager !

La première expérience de voyance sans support est comparable à la première tentative de natation sans la bouée. Elle produit en général une curieuse impression. Parfois, cette «impression» ne survient que plus tard... Mais vous la ressentirez fatalement à un moment ou à un autre.

C'est une sensation de dépouillement. Vous aurez l'impression d'être nu. En compensation, vous sentirez peu à peu grandir en vous un sentiment d'enrichissement intérieur, que rien ni personne ne pourra altérer, sauf vous-même.

Plus tard, le mental reviendra à l'attaque. Il cherchera à plusieurs reprises à se raccrocher à quelque chose de connu jusqu'à ce que vous ayez enfin compris que vous n'avez besoin de rien.

Face à un objet ou à une personne que l'on doit percevoir, le premier réflexe est de se raccrocher à une logique, à un support. Il faut absolument comprendre que, pour la voyance, vos cinq sens et votre logique ne vous serviront à rien.

Alors, autant plonger et dites-vous bien ceci : s'il faut un certain courage pour se mettre dans l'état second qui favorise la voyance, on y est extrêmement bien. On est extrêmement bien, car, en fait, on est totalement déconnecté de l'univers quotidien et de toutes ses misères.

B - Comment faire ?

Vous allez faire comme pour la voyance avec support, sauf qu'il n'y a pas de support.

1) Mettez-vous définitivement dans la tête que la voyance n'a aucun rapport avec la logique. La première condition pour «voir» est de couper le mental, de faire le vide

La condition *sine qua non* (sans laquelle rien n'arrive) dans la voyance, comme dans toute perception extra-sensorielle, est donc d'abord d'arrêter le mental. C'est pourquoi, bien évidemment, la véritable voyance n'a aucun rapport avec l'étude psychologique ou l'observation de la personne pour qui vous désirez «faire de la voyance». Non seulement la voyance n'a rien à voir avec la logique, mais encore il arrive bien souvent que ce que l'on perçoit se révèle l'opposé de ce que l'on peut connaître de la personne. Par exemple, j'ai eu un jour en consultation une personne qui était enseignante en province. Or, j'ai eu la vision de bateaux asiatiques dans un port étrange avec des gratte-ciel, puis je vis trois petites filles qui se tenaient par la main. L'une tenait un bouquet de fleurs. Simultanément, une idée me traversa le cerveau : cette personne allait quitter la France définitivement pour aller vivre en Asie. Inutile de préciser que mes conclusions furent mal reçues. Pourquoi diable, se disait ma consultante, irais-je vivre en Asie alors que je suis fonctionnaire en France. Trois ans plus tard, j'appris, par une tierce personne, que cette dame avait rencontré un Asiatique. Elle l'avait épousé et avait pris l'avion pour aller s'établir là-bas. Arrivée à destination, descendant l'échelle de l'avion, que vit-elle ? Trois petites filles se tenant par la main. C'était le comité d'accueil envoyé par la famille de son nouvel époux. Et bien sûr, l'une de ces petites filles tenait un bouquet de fleurs... Cette anecdote montre bien pourquoi il est impératif de faire abstraction de ce que l'on peut connaître de la personne. Si dans l'exemple ci-dessus, j'avais gardé en mémoire le fait que ma cliente était professeur, donc fonctionnaire et par là même bénéficiant en France d'une grande sécurité matérielle, j'aurais empêché la vision du futur de passer. La partie logique de mon cerveau l'aurait repoussée. C'est une des raisons d'ailleurs pour laquelle il est souvent difficile de faire sur commande de la voyance pour un proche. On possède trop d'informations à son sujet et ces informations constituent un obstacle (par contre, c'est possible en rêve, car à ce moment-là, le mental est endormi.) L'abstraction du connu est très difficile à réaliser pour les intellectuels que sont devenus aujourd'hui la plupart des Occidentaux. Pire encore, certains sont très fiers de ne pouvoir arriver à faire le vide. «Je ne peux m'arrêter de penser», disent-ils, comme si c'était là une preuve de supériorité. Habitués à faire marcher leur cerveau gauche, leur raison, voire leur rationalisme, ils éprouvent bien souvent une violente répugnance à quitter leur état de conscience habituel qui comprend la mémoire, l'intelligence, la logique. Même les voyants les plus chevronnés peuvent éprouver un malaise à l'idée d'abandonner la sécurité du connu, surtout si, par ailleurs, ils ont des occupations intellectuelles. Arrêter le mental et se plonger dans le vide ressemble à une sorte de mort. D'ailleurs, c'est en une, c'est la mort de l'ego qui s'efface pendant un temps. Dans la véritable voyance, le voyant n'est plus lui-même, il n'est plus qu'une sorte de canal par où passe l'information. C'est pourquoi toute la première partie de cet ouvrage était absolument indispensable. Il fallait déverrouiller les portes blindées posées par notre éducation.

2) La deuxième condition est de se « brancher » correctement

On emploie le terme «se brancher» parce que c'est un terme utilisé par les voyants. Cette métaphore électrique traduit bien le ressenti du voyant, même si on ne sait en donner une description précise. C'est seulement en le faisant que l'on peut le comprendre vraiment. Disons qu'il s'agit de se mettre en communication d'une façon bien précise.

a. Se brancher sur le bon objet.
Cela signifie se brancher sur la personne pour qui l'on veut faire de la voyance (la personne ou l'objet peu importe), et non la personne d'à côté.

b. Se brancher dans le temps passé (proche ou lointain), présent ou futur (proche ou lointain).
Pour un non initié, c'est évidemment plus facile à dire qu'à faire. Mais en réalité ce n'est pas compliqué. C'est même étonnamment facile. En fait, il suffit de diriger son attention et en même temps de se donner un ordre mental. Par exemple «voir ce qui va arriver à telle personne dans l'année en cours».

Comment se donner un ordre mental pour que celui-ci soit efficace ? Vous devez vous donner cet ordre de la même manière que vous vous donnez l'ordre de vous réveiller à quatre heures du matin, même si vous n'avez pas de réveil. Comment procèderiez-vous ? Qu'allez-vous répondre ? « Eh bien, je ne sais pas.» Mais encore ? « Eh bien, je me le dirais avec conviction et impérativement, bref comme un ordre à exécuter absolument.» En fait, c'est votre instinct qui vous guide. Vous allez procéder de la même façon. Il suffit que votre conscience donne l'ordre à votre organisme, votre corps, votre subconscient ou ce que vous voudrez, qui est vous-même et peut-être autre chose, et ce vous-même ou autre chose se débrouillera tout seul. Vous ne savez pas comment, et c'est bien irritant pour les rationalistes, mais c'est comme ça. De la même manière que vous vous êtes dit à vous-même «réveille-moi demain matin à cinq heures» vous allez vous donner deux ordres (mais immédiats cette fois) formulés mentalement : «Branche-toi sur cette personne à telle époque.» Si la personne réclame des informations sur sa profession ou ses enfants, ou son «chéri», même chose. Vous pensez «enfants» comme vous avez pensé «réveille-moi à quatre heures», et vous attendez la réponse.

3) Mettez-vous à l'écoute
Guettez l'information

a. Mettez-vous à l'écoute.
Vous devez vous mettre exactement dans la même attente que lorsque vous écoutiez les réponses de votre corps aux sollicitations de votre attention. Seule différence : au lieu de vous «brancher» sur votre corps, vous vous «branchez» sur la personne ou l'objet. Tout va dépendre de la qualité de votre écoute, cette sorte de tension de l'esprit dirigé vers l'appréhension d'une information.

b. Guettez l'information.
En fait, vous devez «guetter» le cliché. Il se manifeste sous la forme d'une sorte d'infime choc électrique dans la tête. C'est comme si une image venait percuter les

centres visuels du votre cerveau ou un son les centres auditifs... Il peut y avoir aussi des clichés d'odeur ou des clichés tactiles. La meilleure façon de faire comprendre comment capter l'information est d'utiliser le mot «guetter», «faire le guet». Le cliché, en effet, est tout de même moins intense qu'une image reçue par l'intermédiaire de l'œil ou qu'un son reçu par l'intermédiaire de l'oreille. Il est bien souvent à la limite de l'imperceptible.

Recevoir un cliché visuel, c'est un peu comme voir une image sur un poste de télévision mal réglé, ou comme une image perçue en rêve. Le cliché auditif peut être comparé à ce que vous entendez lorsque quelqu'un vous chuchote à l'oreille. Aussi, l'attention doit être affinée. La vôtre l'est désormais, si vous avez fait les exercices décrits dans la première partie de cet ouvrage.

4) L'INFORMATION PEUT SE MANIFESTER DE DIVERSES FAÇONS

Nous avons déjà vu que l'information va être reçue le plus souvent par des clichés visuels ou auditifs. On peut également recevoir l'information sous forme d'odeurs. C'est ainsi qu'un jour j'ai ressenti une forte odeur de matériaux brûlés en me concentrant sur la photo d'une personne. Je pensais alors que cette personne avait eu un incendie ; elle me confirma que sa maison avait entièrement brûlé.

On peut éprouver également une sensation des organes internes du corps lorsque les gens souffrent dans leur chair. Les voyants ressentent souvent une douleur dans leur propre corps, à l'endroit qui correspond à l'organe malade de leur client. Mais il est préférable de ne pas se laisser entraîner dans ce genre de voyance. Enfin, les clichés peuvent se manifester sous formes d'idées qui traversent le cerveau.

Vous pouvez choisir votre forme de réception. Vous verrez comment, dans le chapitre suivant qui concerne le contrôle des étapes du processus menant au cliché.

Les voyants, qui n'ont pas travaillé leur don, n'ont souvent qu'une seule forme de perception. D'autres en ont plusieurs, qui se manifestent séparément. Certains, d'ailleurs, ont une préférence pour l'une d'elles. Enfin, certains perçoivent de différentes manières simultanément, par exemple un cliché visuel accompagné d'un cliché auditif ou plus fréquemment un cliché auditif, ou visuel, accompagné d'une idée. Parfois, il s'agit d'une succession très rapide de deux formes de perception, l'une entraînant l'autre... Enfin, cela dépend et cela varie d'un voyant à l'autre et même d'une fois à l'autre.

L'histoire, rapportée par l'historien grec Hérodote, est une bonne illustration concernant la simultanéité des clichés. En 550 avant notre ère, le roi Crésus, ayant décidé de consulter un oracle, envoya des députés dans divers lieux, afin de tester les plus célèbres voyants de son temps. Les députés furent donc envoyés à Delphes, à Albai en Phocide, à Dodone, au sanctuaire d'Amphiaros, de Trophonios, au sanctuaire des Branchides à Milet, et en Lybie au sanctuaire d'Amon. Bref, sept voyants furent testés selon un véritable protocole d'expérimentation mis au point par Crésus. Chaque envoyé devait compter cent jours à partir de son départ de Sardes (la ville où se trouvait Crésus), consulter l'oracle, et lui demander «ce qu'était en train de faire (à cet instant même), le roi des Lydiens, Crésus, fils d'Alyatte». Puis l'envoyé devait consigner par écrit la réponse de l'oracle et la rapporter à Crésus. Naturellement, Crésus n'avait pas dit à ses envoyés ce qu'il comptait faire cent jours après leur départ. Mieux encore, il ne prit sa décision que le centième jour. Voici ce qu'il fit. Observant le jour fixé, il imagina une chose à laquelle on ne peut songer : il coupa en morceaux une tortue et un agneau et les fit de sa main bouillir ensemble dans un chaudron d'airain, sur lequel il mit un couvercle du même métal. Un seul des voyants trouva la bonne réponse : la pythie de Delphes.

Elle dit : «J'entends celui qui ne parle pas. Il est venu à moi l'odeur d'une tortue au cuir épais en train de bouillir dans l'airain avec des chairs d'agneau ; l'airain est étendu sous elle et l'airain la revêt.»

Cette célèbre pythie eut donc probablement un cliché auditif (j'entends celui qui ne parle pas), accompagné d'un cliché olfactif très précis, et sans doute d'un cliché visuel (ce qui lui permit de percevoir le couvercle).

Existe-t-il une forme de perception supérieure aux autres ? Bien sûr que non. Seul le résultat compte. Toutefois, il est bien évident que les clichés auditifs sont plus pratiques pour avoir des noms propres, et que les clichés visuels sont plus adaptés pour recevoir des descriptions de lieux, d'objets, ou de personnes. Les exercices de «visualisation» et d'«écoute» des leçons précédentes ont stimulé les zones adéquates de votre cerveau, ce qui va vous permettre d'obtenir des clichés visuels et auditifs. Mais peut-on pour autant faire un choix délibéré entre «voir» ou «entendre» ? Il y a deux façons de se guider soi-même vers telle ou telle forme de perception au niveau des clichés. La première est la plus simple, elle consiste à se donner l'ordre de percevoir de telle ou telle façon. Si vous êtes doué, cela se fera tout naturellement. La seconde est plus complexe et plus contrôlée dans le détail. Elle est intégrée dans le «contrôle des étapes» (voir alinéa ci-dessous). Mais avec l'habitude, tout cela se fera automatiquement, si bien que vous ne saurez même plus comment vous faites, de même que l'on ne sait pas comment on fait pour marcher, à part que cela peut être décrit comme «mettre un pied devant l'autre».

5) LE CONTRÔLE DE TOUTES LES ÉTAPES DU PROCESSUS MENANT AU CLICHÉ

Nous avons donc trois étapes:

- Faire le vide.
- Se brancher en dirigeant l'attention dans la bonne direction.
- Quitter le cliché.

Maintenant, nous allons apprendre à les maîtriser en contrôlant à la fois la respiration et le circuit énergétique.

• LE RÔLE DE LA RESPIRATION - Lors des exercices de la première partie, vous avez dû remarquer combien il était plus facile de sentir les réponses du corps en inspiration bloquée. Le rôle de la respiration est très important dans toute perception extra sensorielle. En général, les voyants n'ont pas conscience des modifications de leur respiration. Ils vous riraient au nez si vous vous mettiez à décomposer et à expliquer le processus qui leur permet de «voir». C'est la raison pour laquelle ceux qui n'ont pas pratiqué le yoga sont souvent bien incapables de vous apprendre à voir... même s'ils sont de très bons voyants. Pour eux, c'est comme si on leur demandait d'expliquer comment ils font pour penser.

• **REVENONS À NOTRE RESPIRATION** - L'inspiration est la phase de la respiration qui «aspire» l'air dans les poumons. Il y a donc une force d'attraction vers soi-même. Eh bien, c'est en inspirant que l'information arrive à la conscience, comme si l'information était aspirée avec l'air. Je m'en suis rendue compte à mes débuts, lorsque je prenais mon souffle pour me mettre à percevoir. Je prenais mon souffle instinctivement, comme quelqu'un qui prend une grande inspiration avant de se jeter à l'eau. Une fois sur deux, alors que je ne le cherchais pas encore, le cliché arrivait sans prévenir, au moment précis où j'inspirais. C'est ainsi que peu à peu j'ai compris l'importance de la respiration dans l'ESP.

Qui contrôle sa respiration, disent les Orientaux, contrôle son mental.

Cela se confirme dans cet exercice délicat qu'est l'ESP. À l'inverse un hypnotiseur, qui va envoyer une injonction à quelqu'un, va expirer, c'est-à-dire souffler l'air en même temps qu'il donne son ordre... comme si le souffle portait l'ordre. Curieux, n'est-ce pas ? Pour capter le cliché, pour l'«attirer» à vous en quelque sorte, il va donc falloir mettre l'accent sur l'inspiration.

• **LA VOYANCE DÉPENSE DE L'ÉNERGIE** - Comme il est nécessaire de faire passer l'information au niveau conscient, il faut diriger correctement votre énergie.

A - Voici décomposé en ses différentes étapes, le processus qui mène au cliché visuel

Ce mouvement est ici décomposé, mais dans la pratique, et quand on le maîtrise, il s'accomplit en un instant et sans y penser.

1. **Oubliez votre univers quotidien et donnez-vous l'ordre mental de percevoir** quelque chose en rapport avec l'attente de la personne qui demande une information (s'il s'agit d'une personne) ou le maximum d'informations (s'il s'agit d'un objet) en rapport avec cet objet.

2. **Portez votre attention sur la région de votre nombril, en fait sur Manipura chakra, le hara des Japonais. Imaginez que vous y puisez de l'énergie et fermez les yeux.**

3. **Faites «converger les yeux» entre les sourcils,** en fait vers Ajna, et regardez l'espace noir intérieur qui se trouve à cet endroit comme si c'était un écran. Il n'est pas nécessaire que les yeux soient totalement fermés. Chez certains voyants du début du XXe siècle, comme c'était le cas pour la fameuse Madame Fraya, on voyait le blanc des yeux.

4. **Inspirez en faisant monter l'énergie de Manipura à Ajna en gardant le «regard» sur l'espace intérieur entre les sourcils.**

5. **Relâchez légèrement la tension et guettez le cliché.**

B - ENCHAÎNEMENT POUR OBTENIR UN CLICHÉ AUDITIF

Vous faites comme pour l'enchaînement précédent, sauf qu'il faut diriger l'énergie vers la zone auditive :

1. **Oubliez le quotidien et amorcez le branchement par un ordre mental adéquat.**

2. **Portez votre attention sur Manipura et puisez-y de l'énergie.**

3. **Faites converger les yeux vers Ajna ou Sahasrara pour stimuler les chakras.** De là, tournez les yeux vers la tempe gauche.

4. **Inspirez en faisant monter l'énergie vers la zone auditive, en passant par Ajna rapidement.**

5. **Relâchez la tension pour laisser le cliché arriver et guettez-le.**

REMARQUE : Il est difficile de provoquer un cliché olfactif ou tactile. En général, ce genre de cliché arrive spontanément alors que vous commencez à vous «brancher».

LEÇON 15

ENTRAÎNEMENT À LA VOYANCE DIRECTE

Il ne vous reste plus maintenant qu'à mettre en pratique la décomposition du mouvement destiné à faire surgir le cliché.

A. Entraînez-vous, dans un premier temps, chez vous, dans le calme et la tranquillité, avec des objets

Faites-vous donner des photos sous enveloppes ou des objets ayant été portés par quelqu'un (une montre, une chaîne, un pendentif, une bague, une lettre manuscrite).

Vous rendrez ces objets quand vous les aurez «captés» à ceux qui vous les auront confiés, accompagnés pour chacun d'eux d'un mémo relatant vos perceptions.

1) Rappelez-vous que vous avez maintenant deux supports bien préparés qui vont prendre, sans problème, le relais des supports extérieurs.

- L'espace derrière le front entre vos sourcils.
- La zone temporale gauche.

Dorénavant, l'espace entre les sourcils va remplacer le sable, les grains, l'eau. La zone temporale gauche va remplacer le coquillage ou la calebasse.

Voyance Directe

Faites converger les yeux entre les sourcils.
Inspirez en faisant monter l'énergie
de Manipura à Àjna et au-dessus.

2) Faites surgir des clichés visuels

- Tenez l'enveloppe contenant une photo, ou l'objet confié, entre vos deux mains (ou avec une main si vous préférez, mais avec les deux mains on peut en même temps appuyer ses coudes sur une table, c'est parfois essentiel pour le confort).
- Placez l'objet contre votre front.
- Faites le vide et dirigez votre attention sur l'objet, en vous donnant l'ordre mental de percevoir.
- Faites converger vos yeux sur Ajna.

Voir

- En inspirant, faites monter l'énergie de Manipura vers le haut de votre corps en balayant la zone qui s'étend d'Ajna à Sahasrara.
- Relâchez légèrement la tension et attendez quelques secondes, pas plus, l'apparition du cliché. Il va surgir sur votre écran intérieur placé soit sur Ajna soit un peu au-dessus puis disparaître tout aussi rapidement qu'il est apparu.
- Le cliché peut être simple ou complexe. Si un cliché arrive presque instantanément, attendez un peu, il peut se développer, c'est-à-dire être suivi rapidement par un, deux, trois ou quatre autres.
- D'autre part, il faut bien comprendre que le cliché est instantané, mais qu'il peut représenter une scène complexe : un paysage, plusieurs personnages, les attitudes de ces personnages, leurs vêtements. Par exemple, une femme avec un petit nez, portant des lunettes, des cheveux longs et blonds, des yeux bleus, écrivant sous une lampe et un petit chien à ses pieds.
- Notez, non seulement ce que vous avez «vu», mais également ce que vous avez ressenti. Impression de joie, d'angoisse, etc.

3) Entraînez-vous à faire surgir un cliché auditif

- Tenez l'enveloppe ou l'objet de vos deux mains (c'est ce que font les devins Maasai) ou d'une main (c'est plus courant aujourd'hui en Occident) en plaçant l'objet contre votre tempe gauche.
- Faites le vide. Branchez-vous sur l'objet, en vous donnant l'ordre mental de percevoir quelque chose d'intéressant qui se rapporte à cet objet.
- Inspirez en prenant l'énergie sur Manipura.

- Faites monter cette énergie en inspirant, et faites-lui balayer la zone d'Ajna à Sahasrara.
- De là, faites passer l'énergie sur la zone temporale gauche en vous aidant de votre regard que vous dirigerez dans la direction de cette zone.
- Écoutez quelques secondes en guettant comme on guette un son lointain.

PREMIÈRE REMARQUE : Les clichés auditifs sont souvent moins complexes que les clichés visuels, mais plus précis. Il s'agit souvent du nom propre d'une personne, du nom de sa profession, ou d'un mot caractérisant une situation : «mal aux dents», «problèmes d'enfants», «procès», etc., le tout étant accompagné d'idées ou d'impressions.

Entendre

- **DEUXIÈME REMARQUE :** Vous pouvez avoir un cliché auditif en cherchant un cliché visuel et vice versa. Ou bien l'un peut déclencher l'autre.
- Notez ce que vous avez entendu, ainsi que les impressions que vous aurez reçues.

4) Au bout d'un certain temps, les clichés vont apparaître beaucoup plus naturellement

- Vous pourrez avoir des clichés visuels, les yeux ouverts, ou baissés, du moment que vous n'accommodez pas.
- Vous pourrez avoir des clichés visuels sur un objet, sans porter l'objet à votre front, simplement en le tenant dans la main et sans le regarder, puisque c'est du regard intérieur qu'il s'agit. (Regarder l'objet ne peut que gêner, surtout au début.) De même, vous pourrez recevoir des clichés auditifs, sans porter l'objet à votre tempe et sans faire bouger les yeux.
- Mais dans tous les cas, il est important de penser à prendre une inspiration pour démarrer au moment où vous faites le vide dans votre esprit.

B - DANS UN DEUXIÈME TEMPS, ENTRAÎNEZ-VOUS AVEC DES «COBAYES» HUMAINS

Vous allez pratiquer de la même façon qu'avec les objets, sauf que vous ne tiendrez pas vos «cobayes» dans la main.

1) Au début, reproduisez l'enchaînement des mouvements consciencieusement :

- Faites le vide.

- Branchez-vous sur la personne en inspirant et après lui avoir jeté un coup d'œil.
- N'accomodez plus.
- Faites monter l'énergie de Manipura vers Ajna et Sahasrara.
- Placez votre regard sur votre écran intérieur si vous désirez un cliché visuel.
- Si vous désirez recevoir un cliché auditif, dirigez votre écoute du côté de votre tempe gauche en vous aidant de vos yeux pour activer cette zone et y diriger votre attention.

2) Au bout d'un certain temps, il vous suffira simplement de faire le vide et de diriger votre attention sur la personne.

Le cliché arrivera tout seul.

Il sera soit auditif soit visuel. Vous pouvez même recevoir les deux en même temps. Puis d'autres sensations suivront : clichés de l'odorat ou du toucher, idées et impressions.

À partir de là, attention ! Ne nous emballons pas !

On ne progresse pas éternellement et la progression se fait par paliers.

On peut avoir l'impression de ne faire aucun progrès pendant plusieurs mois et faire un bond tout à coup au moment où l'on s'y attend pas.

De plus, il y a des pièges à éviter, mais également des «trucs» pour vous donner des coups d'accélérateur.

LEÇON 16

ÉVITER LES ERREURS

Nous ne sommes pas Dieu et par conséquent nous ne pouvons tout contrôler. Néanmoins, un certain nombre d'erreurs peuvent être évitées, si l'on respecte quelques règles.

1) Il faut savoir dire NON

À partir du moment où l'on sait que vous faites de la voyance, vous risquez d'être sollicité par n'importe qui, n'importe où, et n'importe quand ! Sous prétexte qu'elles s'imaginent que vous possédez des pouvoirs «paranormaux», un certain nombre de personnes n'hésiteront pas à vous interroger abruptement : « Ah ! Vous êtes voyant ! Qu'est-ce que vous voyez pour moi ? » Vous n'avez pas à vous justifier ni à répondre à ces mises en demeures grossières et provocatrices. Vous ne devez pas vous sentir «obligé» de démontrer vos facultés. La question, formulée de cette façon, sous-entend, soit que vous êtes un charlatan si vous ne donnez pas immédiatement la preuve de vos «pouvoirs», soit que possédant un «don», vous êtes tenu d'en faire usage sur-le-champ. Tout ceci est ridicule !

On ne demande pas à un champion du monde de saut en hauteur de sauter par-dessus n'importe quel obstacle, à n'importe quel moment. Seuls les «voyants» sont en butte à ce genre de question pénible. Si vous cédez, vous risquez fort de vous tromper, car vous n'êtes pas forcément en état de faire de la voyance pour toutes sortes de raisons. Dans ce cas, si vous n'êtes pas encore sûr de vous, vous risquez de vous sentir coupable ou imposteur.

Résultat : Vous vous troublez et provoquez la méfiance et des ricanements. Par ailleurs, les échecs vous feront douter de vous-même et ce doute fera obstacle à l'avenir à votre perception. Donc, soyez ferme. N'ayez pas l'air de ne pas savoir ce que vous voulez. Votre position doit être sans ambiguïté. Ayez donc une phrase toute prête pour écarter les importuns.

Vous ne devez donner satisfaction à vos interlocuteurs que si vous en avez envie, si vous sentez une force excitante qui vous y pousse, une sorte d'euphorie, si vous sentez chez l'autre un désir réel et une sympathie envers vous. Dans ce cas, n'attendez pas, profitez de cette poussée, de ce désir qui monte et cherchez les clichés tout de suite, puis donnez-les instantanément, ne les gardez pas dans votre tête en vous disant «c'est peut-être ça, mais peut-être que non !» La personne ou l'objet sur lequel vous devez faire de la voyance doit vous motiver. Sinon, laissez tomber impérativement, tant que vous n'êtes pas professionnel et encore... Vous n'êtes pas un bateleur ou un clown !

Dans la voyance pure, sans support, vous n'avez qu'un instrument : C'est vous-même, votre corps et l'esprit qui l'anime. Aussi, vous devez vous respecter et prêter attention à votre corps et à votre mental. S'ils ne sont pas dans un état correct, il est inutile d'insister. Par contre, si vous êtes en forme, vous pouvez voir presque dans n'importe quelle condition. Debout, au milieu du brouhaha, dans le métro, en avion ou au restaurant, aucune importance.

2) UN CERTAIN NOMBRE D'ÉLÉMENTS NE SONT PAS PROPICES À LA VOYANCE

a. Au niveau du corps : la fatigue, l'énervement, le manque de sommeil. Aussi est-il préférable de ne pas prendre trop d'excitants. Sachez en tous cas que le thé est moins contre indiqué que le café.

b. Au niveau psychologique : une ambiance stressante, un environnement hostile, un état d'angoisse dû à des soucis personnels interdisent en général la pratique de la voyance. Certains peuvent faire abstraction, mais c'est vraiment du «top niveau».

c. Au niveau du mental : trop de travail intellectuel. Un surcroît de travail intellectuel stimule intensément le cerveau gauche, celui de la logique, et laisse dormir le droit. Or, c'est le droit qui travaille dans la voyance. Il est donc très difficile, voire impossible, de faire de la voyance juste après avoir fait un travail intellectuel intense. C'est à mon avis l'obstacle le plus difficile à surmonter. Ceci a d'ailleurs été démontré dans les différents laboratoires de parapsychologie de la façon suivante : on compare deux groupes de sujets soumis à des stimulations opposées.

Premier temps - Les sujets du premier groupe doivent écouter de la musique et des bruits stimulant le cerveau droit (par exemple les bruits de la mer). Les sujets du deuxième groupe doivent écouter de la prose, des calculs mentaux et des problèmes logiques.

Deuxième temps - Les sujets des deux groupes sont soumis à des tests de parapsychologie (voyance sur objets, télépathie etc.). On constate alors que le premier groupe donne d'excellents scores, tandis que le second donne des résultats négatifs.

3) Les éléments qui favorisent l'état de voyance

a. Le repos.

b. La stimulation du cerveau droit et le repos du gauche. Nous avons vu plus haut que la musique stimulait le cerveau droit, tout en mettant au repos l'intellect. Il ne s'agit pas toutefois de n'importe quelle musique. Aujourd'hui, nous avons à notre disposition diverses catégories de musiques :

- La musique classique occidentale, essentiellement composée entre le XVIe et le XVIIIe siècles. Par exemple, Bach, Vivaldi, Telemann, Corelli ou Haendel. Mais pas n'importe quel passage de n'importe quel morceau de ces compositeurs. Ce sont en particulier les mouvements lents, c'est-à-dire dont le tempo est de soixante par minute (soixante temps marqués), ce qui correspond au rythme d'un pouls lent. (5) Le corps suit alors ce rythme en même temps que la mélodie et se met en état de réceptivité, il élimine les tensions provoquées par le travail intellectuel, il oriente l'attention vers l'intérieur.

---

(5) Les morceaux de musique classique se décomposent en différents mouvements qui ont des vitesses différentes. Le nombre de mouvements diffère suivant les compositions. Il est inscrit sur les CD. La vitesse de ces mouvements, comptée en temps par minute, peut être indiquée. Mais, plus généralement, les mouvements sont nommés suivant leur vitesse. Les lents (en théorie de 40 à 60) se nomment «Largo». Ils sont ainsi notés sur les disques laser (exemple largo, allegro, adagio, etc). Les nombres de mouvements sans vitesse sont seulement indiqués comme «Haendel, Sonate 4 mouvements», ils sont faciles à reconnaître. Il suffit de les écouter et de choisir le lent, celui qui scande le temps à environ soixante battements par minute.

Voici pour vous aider quelques sélections :

Bach

Concerto en sol mineur pour flûte et cordes de J.S. Bach.
B.W.V. 1056. Choisir le «largo».
Variations Goldberg B.W. V 988. Clavecin l'Aria.
Concerto pour clavecin en fa mineur. B.W.V. 1056. Le Largo.

Corelli

Concerto N° 7 en ré mineur Sarabande (le Largo).

Haendel

Concerto N° 1 en si majeur op. 3 (le Largo).

Telemann

La Double fantaisie en sol majeur pour clavecin (le Largo).

Vivaldi

Les 4 Saisons, choisir le Largo de l'Hiver.

La musique contemporaine occidentale dite «planante». Par exemple :

Vangelis

Heaven and Hell.

Angel Love

Æoliah pour synthétiseur et piano acoustic.

Les musiques orientales. Beaucoup de musiques indiennes aident à se mettre en condition, exemple la musique de Ravi Shankar. Le Vilambita Indien comporte ce rythme de 60 battements par minute.

4) L'harmonie ou la disharmonie avec les astres

En Chine et en Inde, par exemple, on ne fait pas de voyance n'importe quand. Les bons moments sont déterminés astrologiquement.

a. D'une part, il faut considérer l'état du ciel et en particulier de la Lune. Un certain nombre de voyants sont plus performants lors des périodes de pleine lune ou de nouvelle lune. Mais, pour d'autres, ce sera le contraire. La pleine Lune exalte les facultés parapsychiques mais peut les perturber. Ils vous appartiendra de trouver à quelle catégorie vous appartenez.

b. D'autre part, il faut examiner les transits planétaires par rapport à votre thème natal. Pour cela, il vous faudra consulter votre astrologue ou étudier l'astrologie.

5) L'influence de votre rythme personnel

D'autres facteurs comme votre rythme personnel, l'instant de votre évolution personnelle vont intervenir. Certains moyens permettent de les détecter comme l'étude de la respiration.

Avez-vous remarqué que nous ne respirions pas par les deux narines à la fois ? Si vous l'avez remarqué spontanément, c'est que vous êtes doué.

Dans ce cas, vous avez peut-être également remarqué que le meilleur moment pour la voyance se situe lorsque vous respirez par la narine gauche ou encore mieux, par les deux à la fois.

Voici de toute façon quelques explications utiles :

a. Nous respirons alternativement par la narine gauche et par la narine droite, mais aussi par les deux narines à la fois.

- La narine gauche est reliée au canal Ida, le canal lunaire, féminin. (Cf. leçon sur les chakras). Faire passer le souffle par la narine gauche favorise l'introversion et la créativité, car Ida se relie à l'hémisphère droit celui qui gouverne la voyance.

- La narine droite est reliée à Pingala, le canal solaire, masculin. Pingala se relie au cerveau gauche, celui de la logique. Faire passer le souffle par la narine droite active le corps physique et oriente la conscience vers l'extérieur.

- Lorsque les deux narines fonctionnent simultanément, le canal central ou sushumna est stimulé. Dans ce cas, les deux cerveaux communiquent. Comme Ida et Pingala se réunissent en Ajna Chakra, le troisième œil, respirer par les deux narines favorise l'éveil d'Ajna.

- Normalement, nous respirons durant soixante minutes (environ) par une narine et durant soixante minutes par l'autre. Entre les deux, au moment du passage de l'une à l'autre, nous respirons par les deux narines, durant une à quatre minutes. À ce moment-là, il y a passage d'un hémisphère à l'autre.

- Étant donné que la respiration par la narine gauche reliée au cerveau droit est meilleure pour la voyance que lorsque nous respirons par la droite, nous voyons l'utilité de savoir reconnaître où nous en sommes.

b. Comment reconnaître par quelle narine passe votre souffle ?

- Soit vous le sentez en vous concentrant sur vos narines.
- Soit vous expirez sur la paume de votre main, et vous devez ressentir un courant plus fort sous la narine ouverte.
- Si là encore vous ne sentez pas de différence, bouchez-vous une narine, puis l'autre, et voyez avec laquelle vous respirez le mieux.

Comme on respire durant une heure avec la même narine, on comprend maintenant pourquoi les instants se suivent et ne se ressemblent pas.

c. De plus, ces moments dépendent des cycles de la Lune.

- Quand la Lune croît de la nouvelle Lune à la pleine lune (15 jours), c'est Ida qui démarre au lever du Soleil les trois premiers jours puis les jours de 7 à 9 puis de 13 à 15 avec alternance de soixante minutes en soixante minutes avec Pingala, jusqu'au coucher du Soleil où Pingala s'active.
- Quand la Lune décroît (de la plcine Lune à la nouvelle Lune), c'est Pingala qui démarre au lever du Soleil avec alternance jusqu'au coucher du Soleil ou Ida s'active.

(Inutile d'apprendre tous ces détails par cœur. L'important est d'apprendre à repérer par quelle narine vous respirez et de choisir de faire de la voyance quand vous respirez par la gauche.)

Comme vous risquez d'attendre une heure, si vous venez de commencer à respirer avec la narine droite, vous avez une autre possibilité : c'est d'apprendre à modifier votre rythme et d'obliger votre souffle à passer par la narine gauche.

Les yogis s'y entraînent en se bouchant la narine droite, puis en faisant dévier le souffle par la seule force de leur concentration.

Enfin, arrivé à un certain degré d'évolution spirituelle, certains yogis respirent par les deux narines en même temps durant un temps beaucoup plus long, ce qui évidemment favorise leur facultés de perception à la fois logique et intuitive.

Enfin, ne vous frappez pas, si cette histoire de respiration vous semble trop compliquée.

Toutes ces explications servent essentiellement à vous montrer que l'être humain est complexe et qu'il est inutile de forcer quand vous sentez que vous n'êtes pas dans de bonnes dispositions pour faire de la voyance.

Si vous avez bien fait les exercices de ce livre, il vous suffit de sentir si le moment est favorable ou non.

Cela se traduit en général par une envie de faire de la voyance ou au contraire de ressentir à cette idée une aversion ou une angoisse immédiate.

6) Vous désirez faire un bond en avant

Vous avez tout compris, vous avez quelques clichés, mais vous voudriez un coup de pouce pour aller plus loin. Alors voici un moyen d'y parvenir en quarante jours.

a. Alimentation : durant cette période, mangez légèrement et supprimez la viande. Vous allez vous sentir devenir plus «transparent».

b. Dopant : prenez du thé pour avoir le cerveau agile.

c. Exercices : pendant toute cette période durant laquelle vous mangez peu et prenez du thé, refaites les exercices «sentir le corps en profondeur» et «sentir les différents corps subtils» avec intensité.

d. Le cocktail miracle : au jour J, à l'heure H, pour faire une bonne voyance, prenez le cocktail suivant :

- Un peu d'excitant pour stimuler le système nerveux.
- Un peu de sucre pour donner de la nourriture à votre cerveau.

Le coca-cola par exemple réunit ces deux propriétés.

Un peu d'alcool pour enlever les barrières psychiques et mentales. Mais, attention, ne vous enivrez pas. Vous devez ressentir simplement une légère euphorie.

Cette euphorie, en enlevant vos angoisses, vous permettra non seulement de voir, mais d'énoncer vos clichés sans crainte de ridicule ou d'échec.

Naturellement, il vous appartiendra de doser vous-même ce mélange, les proportions variant énormément suivant les individus.

Faites appel à votre ressenti. Pour ceux qui ne boivent pas, je suggère un plein verre de coca-cola (dans un verre haut et étroit) et 1 cm de whisky.

7) Les clichés arrivent
La voyance vous monte à la tête

C'est le moment le plus dangereux. Le plus dangereux parce que l'ego se gonfle. Or, pour percevoir, il faut vous détacher du résultat. Alors, dites-vous bien que ce n'est pas vous qui percevez mais la nature qui à travers vous agit. Vous pouvez vous émerveiller, mais pas vous enorgueillir.

Sous prétexte que vous avez des clichés, ne croyez pas que vous voyez tout. Vous risquez de remplacer le relâchement par le laisser-aller. Dans ce cas, vous aurez peut-être un ou deux clichés, mais ils risquent d'être suivis de n'importe quoi, issu de votre imagination personnelle.

Alors, restez vigilant. Il y a là une étape importante à franchir. Pensez que ce n'est pas vous qui avez fabriqué votre merveilleux cerveau. Si, malgré tout, vous sentez que vous devenez un peu «mégalo», phénomène fréquent chez les voyants, prononcez, avant de commencer une voyance, une phrase du genre «Mon Dieu (ou Grand Quelque chose) aidez-moi. Je ne peux rien sans vous.»

Laissez faire la nature.

Abandonnez-vous à elle.

Devenez un canal, un simple canal et rien d'autre.

Une fois que vous vous serez ainsi repris en main, vous pourrez par étapes accroître la durée de vos clichés et les approfondir.

BIBLIOGRAPHIE

Ouvrages traitant de l'expérimentation dans l'ESP

Hardy Christine (1988),
La science et les états frontières, Le Rocher, Paris

Hardy Christine (1991),
La connaissance de l'invisible, Philippe lebaud

Varvoglis Mario (1992),
La rationalité de l'irrationnel, Inter Éditions

Ouvrages traitant de l'entraînement à la perception extra sensorielle.

Réant Raymond (1982),
Parapsychologie pour tous, Rocher

Ryzl Milan (1976),
Votre perception extra sensorielle, Godefroy

Ouvrages traitant du Yoga Nidra.

Satyananda, *Yoga Nidra, Satyanandashram.*

Boyes Dennis, *Yoga Nidra,*
L'Épi.

TABLE DES MATIÈRES

TROISIÈME PARTIE

ENTRAÎNEMENT À LA VOYANCE SANS SUPPORT

DU MÊME AUTEUR

L'Ordre du Temple, avec Jean-Luc Caradeau
(Éditions Trajectoire - 2005)

Dictionnaire de la Magie
(Éditions Trajectoire - 2005)

Les couleurs, source d'énergie au quotidien
(Éditions Trajectoire - 2003)

Prévoir votre avenir
(Éditions Trajectoire - 2003)

Êtes-vous né sous une bonne planète
(Éditions Trajectoire - 2002)

Le grand livre du tarot chinois
(Éditions Trajectoire - 2000)

Les grands défis du IIIème millénaire
(Éditions Trajectoire - 2000)

L'Oracle des Pharaons
(Éditions Trajectoire - 1999)

Le grand livre des pouvoirs de la Lune
(Éditions Trajectoire - 1998)

L'Oracle des mages
(Éditions Trajectoire - 1998)

L'Oracle des Saints
(Éditions Librairie de l'Inconnu - 1997)

Grand jeu divinatoire du cristal
(Éditions Librairie de l'Inconnu - 1996)

Le grand livre de l'Oracle Belline
(Éditions Trajectoire - 1995)

L'Oracle des Anges
(Éditions Librairie de l'Inconnu - 1995)

L'Astrologie en 16 leçons
(Éditions Trajectoire - 1995)

Achevé d'imprimer
sur les presses de l'Imprimerie Moderne de Bayeux
Z.I., 7, rue de la Résistance, 14400 BAYEUX
Précédent dépôt : Juin 2003
Dépôt légal : n° 18628 - Décembre 2005